깨어나는 새벽

깨어나는 새벽

원효의 대승철학: 삶, 깨어남, 평등 1권

김학성 지음/ 원효 원저

序: 지금 왜 원효인가?

'원효대사 진영'. 무로마치시대. 비단에 색.
102.1×52.6㎝. 일본 교토 고잔지(高山寺)

1. 원효의 생애와 현재의 우리

원효는 신라에서 태어났다. 신라 금성 압량주 불지촌이 원효의 고향이다. 현재 그곳의 지명은, 경상북도 경상시 지안면이다. 고구려, 백제, 신라 삼국이 우리 역사에서 가장 긴 전쟁을 치렀던 시기가 끝나가고 불완전하나마 신라에 의한 통일이 이루어지는 시대를 살았다. 원효는 진평왕 39년인 617년에 태어나 686년 신문왕 5년 70세의 나이로 입적했다. 원효가 신라에 사는 동안 진평왕, 선덕여왕, 진덕여왕, 무열왕, 문무왕을 거쳐 신문왕이 차례로 등극했다. 격동의 시기였다.

신라는, 동족이자 강대한 제국이었던 고구려와 백제는 물론, 백제와 연대한 일본, 마지막엔 당시 세계에서 최강의 제국이었던 당(唐)과 전쟁을 치뤄야 했다. 또한 고구려와 백제가 멸망한 후, 새롭게 통일된 나라를 만들어야 하는 과제가 놓여있었다.

신라의 사회 내부 구조는 어떠했을까? 신라는 골품제라고 하는 엄격한 신분제에 바탕을 두고 있었다. 이와 같은 신분제도에 따라 정치 직위는 물론 혼인, 가옥의 규모, 의복의 빛깔, 우마차의 장식에 이르기까지 사회생활 전반에 걸친 차별이 제도화되어 있었던 것이다.

원효는 그러한 시대를 살았다. 그리고 시대와 삶에 대한 깨달음과 통찰과 사유를 100여 종 240여 권이라는 방대한 불교저술 속에 녹여 넣었다.

현재 대한민국을 사는 우리는 무한한 탐욕과 경쟁, 그리고 불평등에 기초한 자본주의 체제로 인해 생태계와 삶이 재앙이 된 상태에 빠져있다. 게다가 20세기의 냉전 체제에 기초한 남과 북의 '분단'이 유지되고 있는 상황이다. 닮지 않았는가. 우리는 신라의 원효와 '불평등'과 '통일'이라는 과제를 공유하고 있다. 시대를 긁고 있는 이 큰 과제에 대해 1,300여 년 전 원효는 어떻게 답을 했을까?

2. 대승기신론소 및 별기

　원효가 지은 『대승기신론소大乘起信論疏』 2권과 『대승기신론 별기大乘起信論別記』 2권(이하에서는 '소 및 별기', '소·별기' 등으로 표기한다)은 원효의 뛰어나고 방대한 저술 중에서도 대표가 되는 저술이다. 이 소 및 별기는, 마명[1]이 지었다고 전해지는 최고의 대승불교 이론서인 『대승기신론大乘起信論』(이하에서는 그냥 '기신론'이라고도 표기한다)에 대한 주석(해설)서이다. 원효의 『대승기신론별기』는 「대승기신론」의 중심 내용과 개념에 대해 중점을 둔 해설이고, 『대승기신론소』는 「대승기신론」 전체에 대한 폭넓은 해설이다. 원효는 '별기'를 먼저 지은 후 '소'를 지었다.

　「대승기신론」은 인도 대승불교의 양대 철학인 중관학파中觀學派의 공공사상과 유식학파唯識學派의 심식心識 사상을 비판적이고 창조적으로 종합한 논서로, 중국의 삼대 불교 종파인 천태종天台宗, 화엄종華嚴宗, 선종禪宗의 이론 성립에 중요

---

1) 마명(馬鳴): 산스크리트 이름으로 아슈바고샤(산스크리트어: अश्वघोष:). 인도의 고전인 산스크리트 문학 최초의 불교 시인이며 대승불교 철학자(50년~150년 사이에 생존한 것으로 추정)

한 기반이 되었다.

「대승기신론」의 번역본으로는 중국 양나라[2] 때의 진제 삼장(眞諦 三藏, 499~569)이 번역한 구역舊譯과 당나라 때의 실차난타(652~710)가 번역한 신역新譯이 있는데, 원효의 대승기신론 소 및 별기는 이 중 진제 삼장의 구역을 저본으로 한 것이다. 그런데「대승기신론」에 대한 산스크리트어 원전이 존재하지 않기 때문에 마명의 이름을 빌려서 중국에서 저술한 문헌이라는 주장도 제기되며, 그럴 경우 저자일 가능성이 가장 높은 사람으로는 첫 번째 번역자인 진제 삼장이 논의된다.

동아시아 불교 사상사에 중요한 영향을 끼친「대승기신론」에 대하여는 1,000여권의 주석서가 있다고 하여지는데, 이 중 3대 주석서로 꼽히는 것은 수나라 혜원(慧遠, 523~592)의「대승기신론의소(大乘起信論義疏)」, 원효의「대승기신론소(大乘起信論疏)」와 「대승기신론별기(大乘起信論別記)」, 그리고 당나라 현수 법장(賢首 法藏, 643~712)의「대승기신론의기(大乘起信論義記)」이다.

이 중 혜원의 소는 원효에 비해 그 체계나 내용

---

[2] 양나라: 한(韓)이 결망하고 위(魏).오(吳).촉(蜀)을 거쳐 위(魏).진(晉)이 몰락한 후의 남북조시대 남조 국가 중의 하나

이 현저하게 뒤처지고, 법장의 의기는 원효의 주석을 거의 그대로 옮겨서 이를 자신의 의도에 따라 편집하고 있는 정도다. 원효의 소 및 별기는 중국-한국-일본, 동아시아 3국의 많은 불교 저술 중에서도 탁월한 저술로 인정받고 동아시아 불교 사상에 큰 영향을 끼쳤다. 당시 당唐은 그 국력과 문화적인 성취가 전 세계를 통틀어 최고의[3] 수준 이었다. 이러한 당唐의 사상계에서 원효가 그 저술만으로 그 탁월성을 인정받았다는 것은 실로 놀라운 일이 아닐 수 없다. 이는 아직까지도 우리나라 역사에서 원효에 비견될만큼 세계에서 인정받는 철학자나 각자覺者(깨달은 사람)가 배출되지 않았다는 점에 비추어보아도 그 의미가 깊다.

---

[3] 당시 서유럽은 암흑기인 중세에 들어가던 시대였고, 중동에서는 무함마드가 610년에 창시한 이슬람이 막 발흥하던 시기였다.

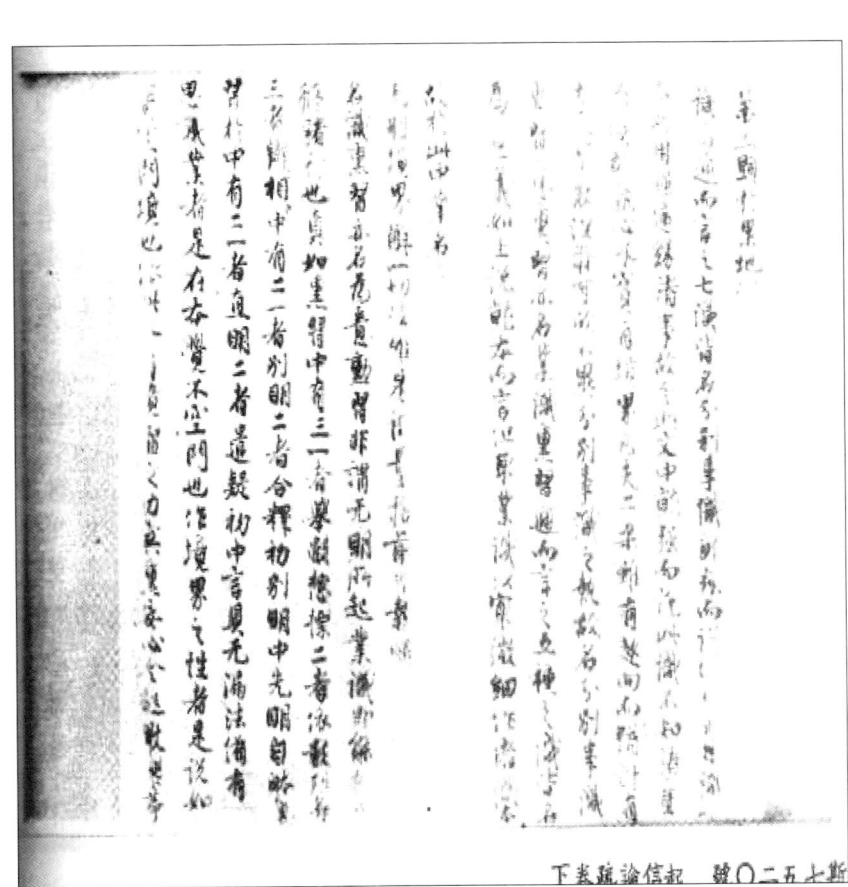

런던 영국도서관(대영도서관)에 소장된 돈황사본
(스타인 문서) 속에서 발견된 원효의 저술
〈대승기신론소〉 필사본

3. 원효의 대승철학과 깨달음, 그리고 실천Praxis

3.1 일체의 모든 것은 서로 연결되어 있다, 일심이문(一心二門) 사상

원효는 소 및 별기를 통해 대승기신론의 일심(一心) 사상을 적극적이고 창조적으로 수용한 후 자신 사상의 핵심으로 삼았다. 그런데 원효의 일심(一心)은, 단순히 각각으로 존재하는 중생들 낱낱의 마음만을 의미하는 것이 아니다. 원효는 말한다. 일심(一心)이란 일법계(一法界)[한 존재계, 존재계 전체, 이하에서는 '존재계'로만 표현]이다. 원효의 일심(一心)은 존재계와 존재계를 구성하는 일체의 존재를 모두 아우르는 술어인 것이다. 일심(一心)이란, 다름 아닌 생명력으로 가득한 우주 그 자체, 즉 생명적 우주를 이르는 것이다.

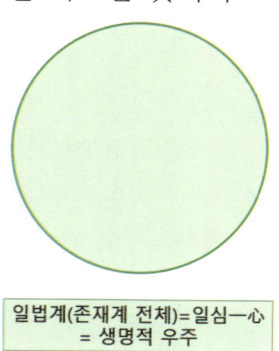

일법계(존재계 전체)=일심一心
= 생명적 우주

그리고 일심(一心)은, 두 개의 문인 이문(二門) 즉 심진여문(心眞如門)과 심생멸문(心生滅門)으로 구성되어 있다. 심진여문(心眞如門)이란 존재계와 일체 존재의 공통(通)된 상(相)이자 원리이고, 심생멸문(心生滅門)이란 개별적 존재를 이르는 술어인 것이다.

- 심진여문心眞如門: 존자계와 일체 존재의 공통(通)된 상(相)이며 원리
- 심생멸문心生滅門: 개별적 존재

일법계(존재계 전체)=일심一心
≒ 심진여문心眞如門

여기서 문(門)은 존재계와 일체 존재, 그리고 일체 존재간의 '열림'과 '관계성'을 표현하는 것이다. 결국 일심이문(一心二門) 사상은 '일체의 모든 것은 서로 연결되어 있다'는 것이다.

이와 같은 일심이문(一心二門)에 대한 사유를 통해 우리는 생태계(Ecosystem)와 통일(統一이 아닌 通一)의 문제에 접근할 수 있는 단초를 찾을 수 있다. 즉, 존재계 전체와 일체의 존재가 서로에게 열려 있고 관계 맺고 있는 것이 존재의 실상이며

序: 지금 왜 원효인가? 13

이 같은 존재의 실상을 회복하는 과정에서 생태계와 통일(通一)의 문제를 해결해 갈 수 있는 것이다.

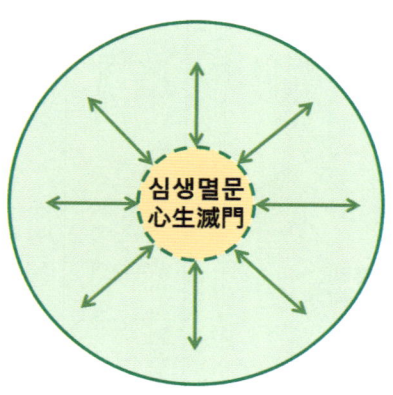

3.2 일체의 모든 것은 참되고 평등하다, 진여(眞如)사상

내가 대승기신론 및 소·별기를 읽으면서 가장 놀랐던 점은 바로 대승기신론 및 원효가 '평등(平等)' 사상에 기초하고 있다는 것이다. 앞서 살펴보았듯이 일심이문(一心二門)을 구성하고 있는 심진여문(心眞如門)은 존재계와 일체 존재의 공통(通)된 상(相)이자 원리적 측면이다. 그런데 원효는 진여(眞如)를 '일체의 존재가 그 자체로 모두 참되기 때문에 진(眞)이요, 평등하여 같기(동同) 때문에 여(

如)'라고 풀이한다. 즉 진여(眞如)는 평등(平等)의 원리인 것이다.

그런데 왜 현실세계는 평등하지 못하고 차별의 세계가 된 것일까? 이와 관련해서 기신론고 원효는 무명(無明)에서 그 원인을 찾는다.

무명(無明)이란 '존재계가 참되고[진眞] 평등하여[여如] 하나[일一]임을 있는 그대로 알지 못하여, 마음(心)에 홀연히 생각(念)이 일어나는 것'이다. 여기서 일어나는 가장 근원적인 생각이 '자아관념'과 '소유관념'이며, 이와 같은 헛된 관념[망념妄念]이 차별의 세계를 만드는 것이다.

序: 지금 왜 원효인가? 15

무명無明
- 존재계와 일체존재가 참되고(진眞) 평등하여(여如) 하나(일一)임을 있는 그대로 알지 못하여,
- 마음心에 홀연히 생각念이 일어나는 것

　이러한 대승기신론과 원효의 통찰에 의하면 '진여(眞如)', 즉 평등성은 인간의 본성일 뿐 아니라, 인간을 비롯한 동물이나 식물과 같은 유기체는 물론 땅이나 해·달·별 등 무기물을 포함한 일체 존재계의 본성이자 근본원리이기도 하다는 것이다. 그리고 불평등과 차별은 존재계와 존재, 그리고 삶의 있는 그대로의 본성이 아니라 무명(無明)에 의한 '헛된 관념'에 기초한 것이다. 평등은, 단순한 도덕적 당위가 아니라 스스로 그러한, 즉 자연(自然)적 본성인 것이다.

3.3 일체의 모든 것은 생성 변화 과정에 있다, 생멸(生滅)사상

　원효의 철학은 생성(生成)의 철학이다. 원효는

불교의 무아론(無我論)적 전통에 기초하여 불변하는 실체나 이원적 또는 이분적 사유를 일체 거부하고, 생성을 긍정한다. 이와 같은 생성 철학적 성격을 명확히 드러내는 개념은 당연히 심생멸문(心生滅門)이다. 이는 모든 개별 존재는 물론이고 생명적 우주인 일심 그 자체도 끊임없이 생성 변화의 과정에 있는 것을 표현한다.

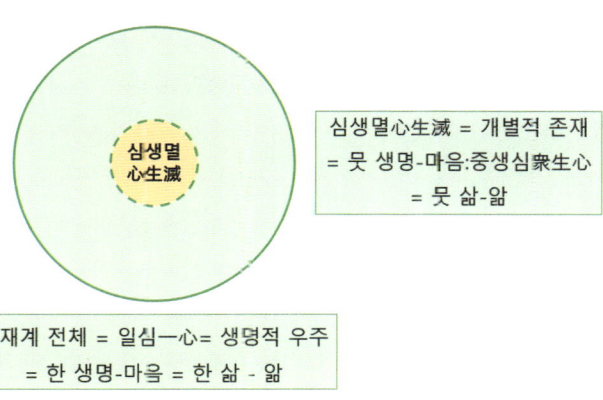

3.4 원효의 깨달음-해골물 사건

원효에 대해 가장 널리 알려진 대중 설화는 '해골물 사건'이다. 그 내용은 이렇다.

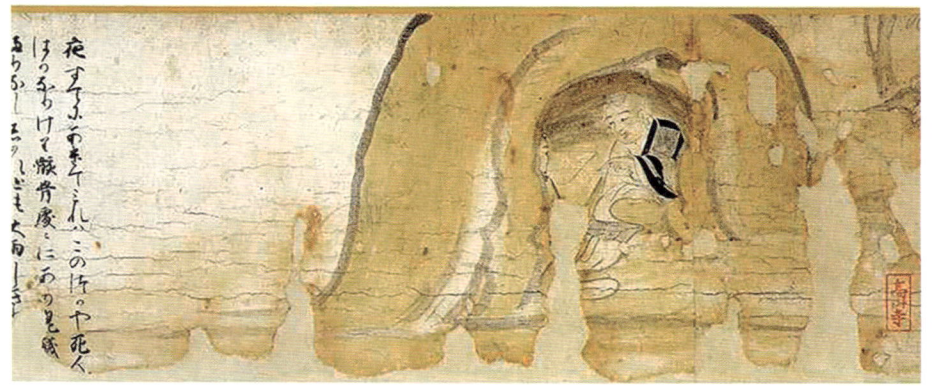

'화엄종조사회전' 중 '무덤 속의 원효와 의상' 부분.
가마쿠라시대. 종이에 채색. 31.7×1414.5cm. 일본 교토고잔지

원효는 의상과 함께 당나라에 유학을 위해 가던 중이었다. 밤은 깊고 비는 쏟아져 어둠속을 더듬어 토굴에 머물렀다. 원효는 잠결에 목이 말라 딱딱한 바가지에 고인 물을 맛있게 먹었는데 다음날 아침에 보니 해골에 고인 물이었다. 그냥 토굴이라 여겼던 곳은 흙무덤이었던 것이다. 자신이 달게 마신 물이 해골물임을 알았을 때 원효는 벼락이 내려치듯 깨달았다.

생명적 우주인 일심(一心)과 자신의 열린 관계

를. 토굴과 무덤, 달게 마신 물과 해골 물이 아무런 차별없이 참되고 평등하며, 늘 생성변화 관계에 있다는 것을. 그리고 토굴과 무덤, 달게 마신 물과 해골 물을 차별을 두고 인식하게 하는 무명(無明)의 작용을.

즉 원효는 다름 아닌 일심이문(一心二門) 사상의 핵심을 완전히 체득한 것이다. [이 부분에 대한 자세한 사항은 제2권 제11장 제3절 참조]

원효는 일심(一心)사상, 진여의 평등사상, 그리고 현상계와 중생과 생성에 대한 대긍정에 기초하여 불교의 민중화를 향한 혁명적 실천(Praxis)에 나섰고, 이것이 원효를 단순한 불교 사상가를 넘어 민중의 마음속에 깊이 자리 잡은 스승이자 친근한 존재로 천 년을 넘어 내려오게 했던 것이다.

3.5 원효의 실천과 프락시스(Praxis)

내가 이 책에서 사용하는 프락시스(Praxis)라는 말은, 브라질 출신의 혁명적 교육사상가 파울루 프레이리가 『페다고지: 피억압자의 교육학』이라는 책에서 사용한 개념을 염두에 둔 것이다.

프레이리는, 프락시스(Praxis)를 다음과 같이 정

의했다.『억압의 사슬에 묶인 현실에 대해 냉철히 비판하는 깊은 성찰. 성찰에서 멈추지 않고 행동으로 옮기는 것.』이것이 진정한 의미의 실천, 즉 프락시스(Praxis)인 것이다. 그러면서 민중 편으로 전향한 억압계급의 일부와 관련하여 다음과 같이 서술하고 있다.

"억압계급의 일부 구성원들이 피억압자의 해방 투쟁에 가담함으로써 모순의 한 축에서 다른 축으로 옮겨간다. 그들의 역할은 지금도 중요하지만 해방 투쟁의 역사에서도 내내 중요했다…… 순수한 의도로 민중에게 헌신하는 사람들은 스스로를 끊임없이 경계해야만 한다. 이 전향은 워낙 근본적인 것이므로 모호한 행동은 용납되지 않는다…… 민중 편으로 전향한 사람은 근본부터 다시 태어나야 한다. 시련을 헤쳐나갈 사람은 더 이상 과거에 머물지 않고 새로운 삶의 형태를 취해야 한다.
전향자는 피억압자와의 동료애를 통해서만 피억압자의 특징적인 생활방식과 행동방식을 이해할 수 있다. 그 피억압자의 생활과 행동의 방식은 지배구조를 반영한다."[4]

---

4) 파울루 프레이리,『페다고지』, 남경태·허진 옮김, 그린비, 2020. 76~77쪽 참조. 일부 번역표현을 수정했다.

원효는 신라의 골품제 내에서 성골·진골과 같은 왕족이나 최고위 귀족 출신은 아니었지만 지방 호족 중심의 6두품 귀족 출신이었고, 신라에서 인정받는 고승대덕 중 한 명이었다. 사실 평민이나 민중과는 신분이 다른 것이다. 그런데 원효는 갑자기 국가를 들썩이게 만든 스캔들을 일으킨다. 파계를 하고 태종 무열왕의 둘째 딸인 요석공주와 결혼을 했고 아들 설총을 낳은 것이다.

"설총을 낳은 이후로는 세속의 옷으로 갈아입고 자기를 스스로 일컫기를 '작은 마을에 사는 사내'(소성거사小姓居士)라 하였다. 우연히 광대들이 놀리는 큰 바가지를 얻었는데 그 모양이 괴이했다. 원효는 그 탈바가지의 모습을 따라 도구를 만들어, 「화엄경」에 나오는 '일체에 걸림이 없는 사람이 한 길로 삶 죽음을 벗어난다[일체무애인一切無碍人 일도출생사一道出生死]'는 문구에서 '무애(無碍)'를 따서 자신의 이름을 짓고 노래를 지어 세상에 퍼트렸다. 일찍이 이것을 가지고 천촌만락(千村萬落)에서 노래하고 춤추며 교화하고 읊으면서 돌아다녔으므로, 가난하고 무지몽매한 무리들까지도 모두가 부처의 이름을 알게 되었고, 모두 '나무아미타불'을 부르게 되었다."[5]

---

5) 박태원, 『원효, 하나로 만나는 길을 열다』, 한길사, 2016, 370~371쪽. 「원효불기(元曉不羈)」, 『삼국유사』 권4.

당시 신라의 왕족 및 귀족 불교는 미륵신앙에 기초한 것이었고, 신라 고유의 사상이자 신앙인 풍류도(風流道)와 신흥 사상인 불교의 미륵신앙에 기초해서 화랑도를 국가 조직화시켰다. 전 세계가 찬탄하는 신라의 위대한 예술품 '미륵보살반가사유상'은 이런 시대의 분위기 속에서 탄생한 것이다.[6] 원효는 이러한 지배계급 중심의 호국불교를 대신하여 민중 속에서 민중들을 위한 불교의 신앙 형태를 만들었다. '나무아미타불'이라는 칭명염불을 통한 아미타신앙을 피지배 계급인 민중 자신의 신앙으로 유포시켰던 것이다.

4. 원효철학의 역사적 지평

진여(眞如)는 평등의 원리이다. 원효는 이 평등의 원리가 존재계와 삶의 근본 원리임을 기신론 소 및 별기를 통해서 얘기하고자 했다. 그리고 이 같은 진여(眞如), 즉 평등의 원리는 인류사의 근본 원리이기도 하다.

역사는 평등과 불평등이 순환되는 역사이다. 인류사의 가장 긴 기간[구석기 시대] 동안 호모사피

---

6) 이에 대한 자세한 사항은 도올 김용옥,『나는 불교를 이렇게 본다』, 통나무, 1989. 181~227쪽 참조

엔스는 서로 간에 평등했다. 그러나 언어와 문자와 문명, 그리고 생산력이 고도화됨에 따라 불평등의 역사가 시작되었다. 그런데 이 같은 불평등이 어느 정도 단계를 넘어가면 역사는, 그리고 역사를 구성하는 인간들은 다시 평등을 갈망하게 된다. 우리 역사를 포함한 동아시아 세계에서 이상사회로 꿈꾸었던 대동사회(大同社會)란, 다름 아닌 지극한 평등의 세상이다. 그리고 우리나라와 중국의 역사에서 구 왕조의 멸망과 신 왕조의 개창은 더 이상 참을 수 없는 불평등이 가장 근본적인 원인이 되는 것은 분명해 보인다.

이를 중국의 전국시대(戰國時代)[7] 라는 혼란의 시대에 정전법(井田法)을 이용한 평등한 경제체제와 민본(民本)사상에 기초한 왕도정치를 주창한 사상가 맹자(孟子)[8] 는 일치일란(一治一亂)의 역사관과 혁명이론으로 표현했다. 일치일란(一治一亂)의 역사관이란 역사는 한 번 다스려지고 한 번 혼란해지는 과정을 반복한다는 의미이다. 혁명(革命)이란 명(命)을 간다는 뜻이며, 즉 천명을 받은 왕이

---

7) 전국시대: 기원전 403년에서 진나라가 천하를 통일하기 전인 기원전 222년까지의 시대

8) 맹자: 생몰년대는 정확하지 않지만 기원전 372년경에 태어나 기원전 289년경에 사망한 것으로 여겨지는 중국의 사상가. 인정(仁政)과 왕도정치, 성선설을 주장했다.

나 왕조일지라도 교체할 수 있다는 것을 의미한다.

또한 19세기의 칼 맑스[9]는 서구 유럽의 역사가 '원시 공산제-노예제-봉건제-자본제'라는 단계를 거쳐 왔고 이 같은 역사 발전의 원동력은 생산력과 생산관계의 불일치라고 설명했다. 하지만, 하나의 역사 단계에서 다음 역사 단계로 넘어갈 때 그것을 추동하는 가장 근원적인 힘은 그 역사 단계를 살아가는 억눌린 민중들의 저항이다. 참을 수 없는 불평등에 대한 민중들의 저항이 역사의 변화를 일으킨다. 결국 인간 자체와 인간 사회, 그리고 역사를 설명하는 여러 가지 원리와 해석이 있을 터이지만, '평등'과 '불평등'의 문제야말로 항상 중요한 과제상황이며, 이 같은 과제상황은 원효가 통찰한 대로 '평등'이 단순한 당위적 규범을 넘어서 인간을 포함한 일체의 존재와 존재계의 가장 근원이 되는 성품이자 이치이기 때문일 것이다.

우리의 역사에서 원효가 제시한 정도의 평등사상을 정면으로 제시한 철학은 찾아보기 힘들다. 원

---

9) 칼 맑스: 독일의 공산주의 혁명가. 혁명적 사회주의자. 1818년 프로이센 왕국 트리어 시(市)에서 출생. 1883년 런던에서 무국적자로 사망. 1847년 『공산당 선언』을 엥겔스와 집필. 1867년 『자본론 제1권』 출간. 동시대에 수운 최제우는 『동경대전』과 『용담유사』를 집필했다.

효 이후의 평등사상은 19세기에 이르러서야 동학을 통해 전면으로 발현된다. 원효가 활동했던 경주에서 수운 최제우가 동학을 열면서 "오심즉여심(吾心卽汝心)"사상을 펴고, 그 제자이자 2대 교주인 해월 최시형이 "사인여천事人如天"을 실천하고, 그것을 3대 교주인 의암 손병희가 "인내천人乃天"으로 정식화한 것이다. 그리고 이러한 평등사상은 1894년 동학혁명을 통해 구체화 되었고, 1919년 손병희와 천도교인이 주도한 3.1만세 운동과 대한민국 임시정부의 대한민국 임시헌장 [제3조 대한민국의 인민은 남녀 귀천 및 빈부의 계급이 무無하고 일체 평등平等임]을 통해 구체화되었다.[10]

5. 이 책의 구성

이 책은 총 3권으로 구성된 원효 3부작의 제1권이다. 원효 3부작은 모두『원효의 대승철학: 삶, 깨어남, 평등』이라는 부제를 가지고 있다. 제1권의 제목은『깨어나는 새벽』이고, 제2권의 제목은『존재의 노래』, 제3권의 제목은『우리는 모두 평등하다』이다.

---

10) 도올 김용옥,『동경대전2』, 통나무, 2021. 510쪽.

원효 3부작의 저술은 원래 제3권부터 시작한다.
제3권 『우리는 모두 평등하다』는 다름 아니라 대승기신론과 원효의 소 및 별기의 한자로 된 원문을 번역한 것이다.

제2권 『존재의 노래』는 위 제3권을 요약한 것이다. 원효 역시 『법화경종요』, 『화엄경종요』, 『열반경종요』, 『능가경종요』와 같은 글을 남겼는데, 여기서 종요(宗要)란 주장의 근본(종宗)을 요약(요要)한 것이다.

제1권 『깨어나는 새벽』은 내가 이해한 원효의 사상을 동물들을 주인공으로 한 우화로 풀어본 것이다.

제목인 '깨어나는 새벽'은, 원효의 이름을 풀은 것이다. 원효의 원(元)은 '으뜸, 처음, 시초'라는 뜻이고, 효(曉)는 '새벽, 동틀 무렵'이라는 뜻이다. 그래서 이를 '깨어나는 새벽'이라고 풀어보았다.

제1장의 제목은 『염소 크루소, 또는 자연과 문명의 문제』이다. 화자(話者)는 염소인 로빈슨 크

루소인데, 영국 작가 '대니엘 디포'[11]의 동명 소설을 모티브로 삼은 것이다. 그리고 이 '대니엘 디포'의 '로빈슨 크루소'에서 하찮은 조연에 불과한 야만인 프라이데이를 문명인 로빈슨 크루소와 대등한 관계로 내세우는 '로빈슨 크루소'를 뒤집어서 다시 쓴 패러디 소설이 프랑스 작가 미셀 투르니예의 '방드르디, 태평양의 끝'이다. 여기서 방드르디는 금요일(영어로는 프라이데이)이라는 뜻의 프랑스 발음이다. 이 책의 전체적인 주인공은 이 방드르디이다.

제2장의 제목은 『돼지 스노볼, 또는 권력의지와 자기초극의 문제』이다. 화자(話者)는 돼지 스노볼인데 영국의 작가 '조지 오웰'[12]의 동물농장을 모티브로 했다.

---

11) 대니얼 디포(Daniel Defoe): 1660년 출생 1731년 사망. 영국의 소설가. 언론인. 소설 『로빈슨 크루소』를 발표하여 명성을 얻었다. 주요 저서로 『싱글턴 선장』, 『몰 플랜더스』, 『자크 대령』 등이 있다

12) 조지 오웰(George Orwell): 1903년 인도에서 출생. 1950년 런던에서 사망. 경국의 작가. 명료한 문체로 사회 부조리를 고발하고 전체주의에 대한 비판과 민주사회주의에 대한 지지를 표한 것으로 유명하다. 『동물농장』, 『1984년』이 특히 유명하다.

주인공 스노볼이 꾸는 꿈은 니체[13]의 "짜라투스트라는 이렇게 말했다" 제1부 '세 가지 변화에 대하여'를 각색한 것이다.

제3장의 제목은 『산양 방드르디, 또는 소유와 존재의 문제』이다. 화자(話者)는 방드르디이고, 여기에 나오는 브레이킹 던(Breaking Dawn)은 원효, 즉 깨어나는 새벽을 영어식으로 표현한 것이다.

제4장의 제목은 『던 어머니, 그리고 깨어남』이다. 화자(話者)는 방드르디이다. 원효의 일심이문(一心二門)사상과 지관쌍운(止觀雙運)의 수행법을 풀어보았다.

제5장의 제목은 『또 다른 스페란차, 차이가 편안히 드러나는 광장』이다. 화자(話者)는 방드르디이다. 자본주의, 공산주의, 사회주의라는 문제를 원효의 사상에 기초해서 풀어보았다.

---

13) 프리드리히 니체(Friedrich Wilhelm Nietzsche): 1844년 독일 뢰켄 출생, 1900년 독일 마이마르에서 사망. 시인. 철학자. 서구의 전통을 깨고 새로운 가치를 세우고자 했기 때문에 '망치를 든 철학자'라는 별명이 있다. 저서 『짜라투스트라는 이렇게 말했다』, 『비극의 탄생』, 『인간적인 너무나 인간적인』, 『도덕의 계보학』 등이 있다. 니체가 이 책들을 주로 저술한 시기는 해월 최시형에 의하여 수운 최제우의 저술인 『동경대전』과 『용담유사』가 출간되던 시기이다.

제6장의 제목은 『깨어나는 새벽, 또는 혁명의 문제』이다. 이 장은 전지적 관찰자 시점이다. 그리고 내용 전체의 모티브는 동학 2대 교주였던 최시형의 삶이다. 최시형은 동학의 제1대 교주인 최제우가 처형당한 후 조선 조정이 지속해서 펼친 전국적인 수배망 속에 35년 동안 있었다. 하지만 그는 조선의 민중 속에서 새로운 삶의 방식인 동학을 설파하면서 새로운 평등 세상, 즉 '다시 개벽(開闢)'을 준비한 '최장기 도바리꾼'[14]이었다. 최시형이 이러한 과정을 통해 전국에 구축해 놓은 동학의 조직인 포(包)와 접(接)에 기반해서 동학혁명이 일어났다[전봉준은 동학의 접(接)중의 하나인 고부지역(현재의 정읍), 동학 접주였다]. 제6장 제2절에서 던 아주머니가 방드르디에게 한 말 중 "높이 날고 멀리 뛰어라(高飛遠走)"는 최제우가 처형당하기 직전 최시형에게 남긴 유언이다.

---

14) 도바리꾼: 수배나 체포를 피해 도망다니는 사람을 일컫는 속어

일러두기

  1. 제1장은 '미셸 투르니에'[15]의 『방드르디, 태평양의 끝』(김화영 번역, 민음사, 2017)을 저본으로 했다. 이 책 37페이지에 나오는 물시계에 대한 에피소드는 위 책 81쪽을 인용한 것이다.

  2. 제2장은 '조지 오웰'의 『동물농장』(도정일 번역. 민음사, 2018)을 저본으로 했다. 그리고 맑스 영감의 연설은, '칼 맑스· 프리드리히 엥겔스'[16]의 공저인 『공산당 선언』(이진우 번역,책세상, 2018)의 해당 부분을 인용한 것이다.

---

15) 미셸 투르니에(Michel Tournier): 1924년 파리에서 출생 2016년 초이젤에서 사망. 프랑스 소설가. 1967년 데뷔작 『방드르디, 태평양의 끝』을 발표하면서 아카데미 프랑세즈 소설 부문 그랑프리를 수상하고 이 책이 번역되면서 일약 세계적인 작가의 반열에 올라섰다. 소설 『메테오르』, 『황금구슬』, 산문집 『예찬』 『짧은 글 긴 침묵』 발표

16) 프리드리히 엥겔스(Friedrich Engels): 1820년 독일 바르멘에서 출생(방적공장 경영자의 아들로 태어남) 1895년 런던에서 사망. 독일의 사회주의 철학자·경제학자로 칼 맑스와 함께 마르크스주의의 창시자 중 한 사람. 저서 『신성가족』, 『독일 이데올로기』, 『가족, 사유재산, 국가의 기원』 등

3. 제3장에 나오는 산뿔양 종족의 추장 '크래그'라는 이름은 '어니스트 톰프슨 시튼'[17]의 『쫓기는 동물들의 생애-시튼의 야생동물 이야기』(기한음 번역, 지호, 2002)에서 따온 것이다.

4. 제6장 제2절 음모 부분은 유범상 『정의를 찾는 소녀』(마북, 2020)의 등장인물을 일부 모티브로 삼았다.

5. 이 책 전체에서 로빈슨 크루소의 고향이자 방드르디의 활동 공간인 '이매진 빌리지'라는 이름은 나의 소중한 벗인 유범상 교수(한국방송통신대학교 사회복지학과. 사단법인 마중물 이사장)의 『이매진 빌리지에서 생긴 일』(지식의 날개, 2019)에서 유래한 것이다.

6. 이 책의 설정은 다음과 같다.

① 이 책에는 호모 사피엔스(인류) 종은 등장하지 않는다. 따라서 이 책에서 '사람'이라는 표현은

---

17) 어니스트 시튼(Ernest Thompson Seton): 1860년 영국에서 출생 1946년 미국에서 사망. 논픽션 작가. 야생화가. 야생동물 미술가. 시튼 동물기의 저자로 유명하다.

호모 사피엔스(인류) 종을 의미하지 않는다.

② 이 책에서 '사람'은 두 가지 조건을 갖추어야 한다. 첫째는, 두 발로 걷고 두 번째, 대륙 공용어 중 하나의 공용어를 사용하여야 한다. 이에 따라 이 책의 등장인물 중 크루소는 염소이고, 스노볼은 돼지이고, 던 아주머니는 닭인데 모두 처음부터 두 발로 걷고 있고 공용어를 사용한다. 이 책의 주인공인 방드르디는 산양으로 원래 네 발로 걷다가 크루소로부터 두 발로 걷는 법과 공용어를 배운다. 이러한 '사람'에 대한 정의는 제5장에서 혁명적인 변화를 겪게 된다.

③ 이 책에 등장하는 동물들의 평균수명은 동물들 각각의 수명을 무시하고, 호모 사피엔스(인류) 종의 평균수명을 기준으로 통일했다.

차 례

序: 지금 왜 원효인가? 4

1. 원효의 생애와 현재의 우리 6

2. 대승기신론소 및 별기 8

3. 원효의 대승철학과 깨달음, 그리고 실천Praxis 12

4. 원효철학의 역사적 지평 22

5. 이 책의 구성 25

일러두기 30

제1장 크루소, 또는 자연과 문명의 문제 35

제2장 스노볼, 또는 권력의지와 자기초극의 문제 52

제3장 산양 방드르디, 또는 소유와 존재의 문제 64

제4장 던 어머니, 그리고 깨어남 78

제5장 또 다른 스페란차, 차이가 편안히 드러나는 광장 . . 106

제6장 깨어나는 새벽, 그리고 혁명의 문제 156

저자의 말 167

제1장

크루소, 또는 자연과 문명의 문제

제1절 난파, 그리고 스페란차 섬

　나는 염소이고 내 이름은 로빈슨 크루소다. 나는 이매진 빌리지 출신으로 직업은 변호사였는데, 나이 마흔이 되던 해 이매진 빌리지(이매진 빌리지는 아시아대륙의 동쪽 끝에 있다.)에서 아메리카 대륙으로 가는 여객선 버지니아 호를 타고 항해하던 중 배가 난파되는 바람에 이름 모를 섬에 표류하게 되었다.

　배가 난파된 해변에서 2km 남짓 떨어진 동쪽에는 매우 험준하고 높은 산들이 있었다. 나는 그 산기슭의 조그만 평지에 집을 짓고 울타리를 만든 다음, 집 뒤의 가파른 바위를 파서 동굴을 만들고, 난파된 버지니아 호의 물건들을 옮겼다.

　표류 후 한참 동안 나는 그 섬에서 탈출을 꿈꾸며 살았다. 그러나 탈출은 불가능했고, 나는 그 섬에서 살아남기로 결심했다. 나는 그 섬을 이매진 빌리지 영토로 규정하고 나를 그 섬의 시장으로 임명했다. 그리고 그 섬에 내가 원래 살던 이매진 빌리지와 같은 문명을 부여하기로 했다. 그리고 한동안 '탄식의 섬'이라고 붙였던 섬의 이름을 '스페란차('희망'이라는 뜻이다)'라고 바꾸었다.

내게 가장 중요한 것은 물시계를 만드는 일이었다. 이 장치는 유리통의 밑바닥에 구멍을 뚫고, 한 방울씩 떨어지는 물이 땅바닥에 놓인 구리 함지 속으로 흘러들어 가도록 만들었다. 유리통이 완전히 비는 데 정확히 스물 네 시간이 걸렸기 때문에, 통의 겉면에는 평행하게 스물 네 개의 원을 그리고, 각각에 아라비아 숫자를 표시해 놓았다.

그 다음으로 나는 집을 중심으로 초원과 숲을 개간하고 논밭을 만들어 곡식을 재배하며, 콩을 심어 두부를 만들고, 벌통을 만들어 꿀을 얻었다. 말린 생선과 각종 과일청 등의 식량을 동굴에 저장했다.

그리고 스페란차 섬의 헌법을 제정했다. 나 상식에 따라 사람이란, 동물 중 두 발로 걷고 대륙에서 인정되는 공용어 중 하나 이상의 공용어를 쓰는 자로 규정했다. 그리고 스페란차 주민은 당연히 사람 중에서 재산권을 가지고 있는 자로 한정했다. 또한 재산권과 그 재산을 자유롭게 사용하는 권리를 신성불가침의 권리로 규정했다.

표류 후 약 5개월이 지난 후, 스페란차 섬에 대한

깨어나는 새벽

스페란차섬 헌법

제1조(영토)
이 섬은 스페란차라 하고 이매진 빌리지의 영토이다.

제2조(주권)
스페란차의 주권은 주민에게 있고, 모든 권력은 주민으로부터 나온다.

제3조(사람)
사람이란 동물 중 두 발로 걷고 대륙에서 인정되는 공용어 중 하나 이상의 공용어를 쓰는 자이다.

제4조(주민)
스페란차의 주민은 스페란차 섬에 거주하는 사람으로서, 재산권을 가지고 있는 자이다.

제5조(재산권)
스페란차 섬의 재산권은 그 재산을 형성하기 위하여 본인의 의지로 육체적, 정신적 노동을 투입한 자에게 주어지며, 재산권은 신성불가침의 권리이다.

제6조(자유)
스페란차 섬의 주민은 그 재산을 그 의지대로 사용할 자유를 가지며, 이 역시 신성불가침의 권리이다.

제7조(시장)
스페란차 섬의 주민은 시장을 선출할 권리를 가지며, 시장은 섬 전체를 관할하여 지배하고 그 권한은 침해될 수 없다.

탐험을 작정하고 시작했다. 섬은 내가 상륙한 남쪽을 제외하고 서쪽, 북쪽, 동쪽이 산으로 둘러싸여 있었으며, 섬의 중앙에는 또 다른 산이 가로지르고 있었다. 동쪽에 위치한 산들은 특히 높고 험했다. 나는 늪지대가 많은 서쪽과 초원으로 이루어진 북쪽을 거쳐 동쪽의 산으로 향했다.

 첫 번째 산봉우리를 지나 섬에서 가장 높은 동쪽 산의 두 번째 산봉우리에 올랐을 때, 나는 그 동물을 보았다. 그는 거대한 산뿔양이었다. 어깨높이가 무려 1.5m에 달했다. 어둡고 위엄이 있으며 크고도 깊은 눈빛을 지니고 있었고 눈의 빛깔은 투명하면서 짙은 노란색이었다. 거대한 크기의 뿔은 눈썹 위로 휘어 있었다. 그는 네 발로 굳건히 땅을 딛고 서 있었다. 두 발로 걸으면서 옷을 입고 모자를 쓰고 손에 총을 든 나를 그는 경멸하는 듯 한 표정으로 쳐다보았다. 그의 뒤에는 일곱 마리 정도의 산뿔양들이 서 있었다. 잠시 그 거대함과 위풍당당한 모습에 넋을 잃었던 내가 곧 겁에 질려 떨리는 손으로 총을 들어 올리자 그 산뿔양은 순식간에 달려와 나를 공격했고, 나는 의식을 잃고 말았다. 얼마나 시간이 흘렀을까. 정신이 들어 주변을 보니 아무도 없었다. 나는 다친 몸을 이끌고 가까스로 집으로 돌아왔다.

그 후 나는 공포와 절망 속에서 내가 관할하는 영토 주변에 훨씬 튼튼하고 높은 울타리를 치고, 울타리 안에서만 생활했다. 밖으로 나갈 때는 철저하게 무장하고 움직였다. 그 사이에 동굴은 더 많은 곡식들과 식료품들로 가득 찼다. 몇 년은 먹을 정도였고 일부는 썩어 나가기도 했다. 산뿔양이 습격해 오지나 않을까 두려움에 떨기도 했으나 그 후 2년이 다 되어 가도록 그런 일은 없었다.

제2절 산양 방드르디

그 날은 섬의 북쪽에 있는 낮은 산악지대의 초원을 시찰하고 있었다. 나는 그 곳에서 일구던 밭농사를 더욱더 확장할 계획을 가지고 울타리 밖으로 나갔다. 그런데 초원 저 위의 산악 지대에서 뿔이 맞부딪치는 소리가 울려 퍼졌다. 조심스럽게 올라가서 살펴보았다. 거기에는 2년 전에 만났던 그 산뿔양이 있었다. 그리고 그 맞은편에는 아직은 어린(17세 정도 되어 보였다) 산뿔양이 있었다. 어린 산뿔양의 피부는 검었는데, 하얗고 윤기 나는 털로 뒤덮여 있었고 이마에는 별 모양의 점들이 박혀 있었다. 그의 어깨 높이는 그 산뿔양의 절반 정도였고, 뿔의 크기는 30cm도 안되어 보였다. 그러나 그 어린 산뿔양은 그 거대한 산뿔양과 당당하게 맞서고 있었고 체격과 뿔의 열세를 날쌘 속도로 보완하고 있었다. 그러나 얼마 지나지 않아 어린 산뿔양은 큰 산뿔양의 공격에 쓰러졌다. 어린 산뿔양을 쓰러뜨린 큰 산뿔양은 이미 내가 보고 있는 것을 알고 있다는 듯 내 쪽을 잠시 쳐다보더니 가버렸다.

나는 몸을 다친 어린 산뿔양을 집으로 데려와서 치료를 해주었다. 그리고 그 산뿔양을 구한 날인 금요일을 의미하는 '방드르디'라는 이름을 붙여주었다. 방드르디는 네 발로 걸었고, 그들 사이에서 쓰는 스페란차 섬의 언어를 사용했다. 당연히 공용어는 알지 못했다. 나는 그에게 두 발로 서는 법과 공용어를 가르쳐주었고, 내가 통치하는 섬의 일을 도와주는 일꾼으로 삼았다. 또한, 방드르디에게 난파선에서 가져온 동전으로 급료를 지불했고 그 급여액 전체를 연 5.5%의 이자로 내가 은행장으로 있는 은행에 예금하도록 조처했다. 섬에 스페란차라는 이름을 붙이고, 스스로를 섬의 시장이며 지배자라고 자처하며, 물시계라고 부르는 장치의 물소리에 맞추어 살며, 당장에 먹지도 않을 갖

깨어나는 새벽 43

가지 음식과 물건들을 저장해 놓는 나를 방드르디는 이상하게 여기는 듯 했지만, 내가 가르치는 대로 두 발로 서는 법과 공용어를 배웠고 시키는 대로 따라했다.

　방드르디는 늘 활력으로 가득 차 있었다. 가끔 무시무시할 정도의 커다란 폭소를 터트리고, 내가 준 옷을 벗어버린 채 네 발로 해변과 북쪽의 초원을 바람처럼 빠르게 달리거나 열정적으로 춤을 추곤 했다(동쪽의 산악지대로는 가지 않았다). 그리고 섬의 식물들이나 동물들, 심지어 내가 양식하는 물고기나 벌들하고도 기이한 소통을 나누고 있는 듯 했다. 나는 그러한 방드르디의 행동에 감탄하다가도, 내가 만들어 놓은 질서를 파괴하고 나의 권위를 흔들어 놓은 듯이 느껴져 불안에 휩싸이기도 했다. 그렇게 2년이 지날 무렵 방드르디는 놀랍도록 빠르고 유창하게 공용어를 구사했다. 네 발이 아닌 두 발로 자연스럽게 걸으며 내가 만들어 놓은 문명의 질서에도 익숙해졌다. 하지만 그에 비례해 방드르디가 규칙과 질서를 무시하는 정도는 점점 더 늘어갔고 나는 나의 세계를 뒤흔드는 그를 더욱더 커지는 불안감으로 지켜볼 수밖에 없었다.

제3절 지진

그 무렵 스페란차를 뒤흔드는 지진이 있었다. 그 지진으로 인해 집과 동굴, 울타리, 논과 밭, 양식장 등 모든 것이 무너져 내렸다. 나는 방드르디의 도움으로 겨우 살아남았지만, 절망감에 휩싸였다.
그렇게 사흘이 흘러갔다.
그 동안 방드르디는 나에게 먹을 것을 가져다주었고, 무너진 집 앞 해변에 방드르디가 임시로 마련해준 거처에 멍하니 누워있었다. 마른 풀이 내 몸 아래에서 서걱거렸다.

나흘째 되던 날 황혼녘, 해가 바다로 가라앉고 있었다. 그 광경을 망연히 바라보던 그 순간 갑자기 생각이 멈추었다. 아름답다는 말조차 떠오르지 않았다. 해와 나, 바다와 나, 구름과 나, 바람과 나를 구분할 수 없었고 지금까지와는 전혀 다른 스페란차를 경험했다.
나는 누더기가 된 옷을 벗어버리고 미친 듯이 소리를 지르며 해변을 뛰기 시작했다. 본능에 따라 나는 네 발로 뛰었다. 나를 얽매는 것은 아무것도 없었다. 초원으로 늪으로 나는 마구 달렸다.
그렇게 한참이 지난 후 나는 해변의 거처로 돌

46 깨어나는 새벽

아왔다.

　방드르디가 다가왔다.

"이제 정신이 좀 드나요?"

　내가 말했다.

"그래 방드르디, 고맙구나."

　그 날 이후 나는 더 이상 과거의 기억이나 미래의 계획에 살지 않았고, 방드르디처럼 현재 이 순간을 살았다. 과거의 기억과 그 기억에 의해 만들어진 문명은 더 이상 나에게 중요한 의미가 없었다. 물시계는 흔적도 없이 사라졌다. 더 이상 옷을 입지 않았고 두 발로 걷기도 했지만 네 발로 뛰는 것을 더 이상 부끄러워하지 않았다. 많은 것을 저장하려고 하지 않았고 필요한 만큼만 채집하거나 경작을 했다. 울타리도 더 이상 없었다. 해변과 초원을 뛰어다니며 춤추고, 낮은 산기슭에서 큰 소리로 웃었다. 웃음이, 육체 그리고 나의 존재와 연결되는 느낌을 받았다. 웃음 속에서 모든 구분이 사라지곤 했다. 나는 더 이상 말과 생각을 많이 하지 않았고, 침묵 속에서 생동력과 기쁨이 넘쳐흐르는 것을 느끼곤 했다. 한 번의 건기와 한 번의 우기가 그 사이에 지나갔다. 방드르디는 스물이 되었다. 그는 이제 완전히 자라 네 발로 선 어깨 높이가 1m에 달했고, 50cm에 달하는 날카로운 뿔은 하늘을 향해

뻗어 있었다.

그날도 방드르디와 나는 침묵 속에서 석양을 바라보고 있었다.
그가 갑자기 말했다.
"나는 앙두아르와 싸울 거예요."
"앙두아르가 누구지?"
내가 물었다.
"당신이 본 거대한 산뿔양이에요"
"아. 그렇구나. 그런데 전에도 그와 싸웠는데, 그때는 왜 싸운 거니?"
"그는 이 섬에 있는 산양 종족의 추장이에요. 지금까지 우리 종족의 추장은 종족을 지키고 종족간의 다툼을 중재하는 역할만 했어요. 그런데 그는 그것을 넘어 종족을 지배하려고 했어요. 모두가 그의 의지를 따르기를 원했지요. 나는 그의 지배를 거부하고 산을 떠나려고 했지만 앙두아르가 허락하지 않아 어쩔 수 없이 싸우게 된 거예요. 물론 상대도 안 되었지만요."
"그럼 지금은 왜 싸우려는 거지?"
"그는 우리 종족을 잘 못 이끌고 있어요. 나와 우리 종족 모두는 자유롭고 평등해요. 나는 그에게 알려주고 싶어요. 누구도 다른 존재를 지배할 수 없다는 것을."

　며칠 후, 나는 방드르디와 함께, 동쪽 산의 가장 높은 봉우리에 올랐그 앙두아르와 만났다. 방드르디와 앙두아르는 자신들이 가진 힘과 기술을 모두 다해 싸웠고 둘은 같이 쓰러졌다.
　나는 방드르디를 데리고 해변가로 돌아왔다. 그 이후 나와 방드르디는 스페란차의 해변과 초원뿐만 아니라 동쪽의 산과 절벽들을 아무런 방해도 없이 마음껏 질즈했다.

제4절 화이트버드 호

　두 해가 더 흘렀다.
　내가 섬에 처음 도착한 지 7년, 그리고 방드르디와 만난 후로는 5년이 지났다.
　그 무렵 우연히 스페란차 근처를 지나가던 배가 섬에 도착했다. 그 배는 이매진 빌리지에서 왔고 화이트버드라는 이름을 가지고 있었다.
　방드르디는 더 큰 세상을 보고 싶어 했다. 그는 화이트버드 호를 타고 이매진 빌리지로 떠났고 나는 스페란차 섬에 남았다. 나는 스페란차 섬에서 누리는 자유로움을 택했다.

그 후 스페란차 섬이 임시 항로로 지정되었는지 1년에 한 번 정도 배가 왔고, 나는 3년을 스페란차 섬에 더 머물다가 이매진 빌리지로 돌아왔다.

제2장

스노볼, 또는 권력의지와 자기초극의 문제

제1절 수용소

염소 크루소는 이매진 빌리지로 돌아왔다. 스페란차 섬에서 10년을 머물렀던 그는 이매진 빌리지에서 변호사업을 다시 시작했다. 그는 불법 입국자나 이민자들에 대한 변호를 주로 하면서 방드르디의 소식을 알아보았다. 그러던 중 불법 입국자 수용소에서 '스노볼'이라는 돼지를 만났다. 스노볼은 이매진 빌리지 옆에 있는 유토피아 빌리지 출신이었다. 그는 현재 유토피아 빌리지를 지배하고 있는 돼지 나폴레옹과 혁명을 이끌었으나, 지금은 나폴레옹한테 쫓겨 망명 중이었다. 유토피아 빌리지의 혁명은 크루소가 이매진 빌리지를 떠나 있는 동안 벌어진 가장 큰 사건이었다. 크루소는 스노볼에게 혁명의 과정에 대해 물어보았다. 크루소와 스노볼은 동갑으로 마음도 통해 친구가 되었다. 게다가 스노볼은 방드르디를 알고 있었다. 혁명가는 회한에 젖은 목소리로 이야기를 시작했다.

제2절 맑스 영감의 연설

우리 유토피아 빌리지(혁명 전의 이름은 '그린 빌리지'였다는 건 알고 있겠지)에는 '맑스'라는 돼지 영감이 있었다네. 그는 대단한 사상가였는데, 죽기 전에 위대한 연설을 했지. 그는 자본가 계급을 '부르주아지', 노동자 계급을 '프롤레타리아트'라고 불렀어.

"하나의 유령이 유럽을 떠돌고 있다 – 공산주의라는 유령이.
이제까지 사회의 모든 역사는, 계급투쟁의 역사이다. 우리 시대, 즉 부르주아지 시대는 두 개의 커다란 적대 진영, 직접 대립하는 두 개의 계급, 부르주아지와 프롤레타리아트로 분열하고 있다.
이제까지의 모든 사회는 억압 계급과 피억압 계급의 대립에 근거를 두었다. 그러나 하나의 계급을 억압할 수 있기 위해서는 그 계급이 적어도 노예적 실존(slavish existence)을 이어갈 수 있는 조건들은 보장되어야 한다. 부르주아지의 실존(the existence of the bourgeois class)과 지배에 없어서는 안되는 근본조건은 부(富)가 개인의 수중에 축적되고, 자본이 형성되어 증가하는 것이다. 자본의 조건은 임금 노동이다.
공산주의자의 이론은, '사유(私有) 재산(private property, 생산수단의 개인 소유)의 폐지'라는 단 하나의 문구로 요약될 수 있을 것이다. 부르주아지 사회에서 살아 있는 노동은, 축적된 노동을 증식시키는 수단일 뿐이다. 반면 공산주의 사회에서 축적된 노동은 노동자의 실존(existence of the labourer)을 넓히고 풍요롭게 하며 촉진시키는 수단이다.

계급과 계급적대에 기초한 낡은 부르주아지 사회의 자리에 하나의 연합체, 즉 그 안에서 각자의 자유로운 발전이 모두의 자유로운 발전의 조건이 되는 연합체가 들어선다.

프롤레타리아트는 잃을 것이라고는 쇠사슬밖에 없으며, 얻을 것은 세계이다. 만국의 프롤레타리아트여 단결하라."[18]

제3절 꿈, 혁명

맑스 영감은 연설 후 얼마 지나지 않아 세상을 떠났고, 그로부터 석 달이 지날 즈음 나는 꿈을 꾸었다네. 꿈속에서 나는 낙타였다네. 나는 무거운 짐

---

18) 칼 맑스·프리드리히 엥겔스, 『공산당선언』 이진우 옮김, 책세상, 2018. 해당 인용 부분은 이 책의 내용을 발췌한 것이다. 하지만 용어의 해석과 표현은 일부 수정했다. 특히 '사적 소유'라는 표현은 '사유 재산'이라고 표현을 수정했다.

을 지고 사막을 가고 있었지. 그렇게 사막을 가던 중 나는 사자가 되었다네. 사자가 되어 거대한 용과 죽기 살기로 싸웠지. 그리고 거대한 용을 죽였네. 그런데 용을 죽인 순간 나는 사자의 얼굴을 한 너무나 역겹고 추악한 존재가 되고 말았네. 나는 극심한 고통 속에서 내 안의 사자를 먹어치웠지. 그리고 나는 아이가 되었다네. 그 때 어떤 소리가 들려왔네.

"내 말을 들어라. 더없이 지혜로운 자들이여. 살아 있는 것을 발견할 때마다, 나는 권력을 향한 의지도 함께 발견했노라."

"보라. 나는 끊임없이 나 자신을 초극해야 하는 자이다."

그리고는 잠에서 깨었지.

나는 그 이야기를 절친한 벗이었던 돼지 나폴레옹에게 했다네. 그는 강한 의지와 추진력, 그리고 단순명료한 언어를 쓰는 능력을 가지고 있었지. 그는 내 꿈풀이를 했네. 나의 꿈은 이제 혁명의 때가 왔다는 계시라고 하더군. 내가 꿈속에서 본 낙타는 맑스 영감이 말한 노예적 실존 상태를, 거대한 용은 부르주아지의 실존과 지배를, 용과 싸우는 사자는 프롤레타리아트 혁명 시기의 도래를 의미한다

고 했지. 그리고 추악한 존재는 혁명기에 그 혁명을 가로막는 반혁명분자들의 반동을, 아이는 혁명이 완성된 후 계급이 없는 사회에 만족하며 평화롭게 살아가는 노동자의 실존을 의미한다더군. 나는 나폴레옹의 해석에 완전히 납득이 가지는 않았지만 그의 단호한 태도와 열정에 끌려 나폴레옹과 함께 혁명을 일으켜서 우리 마을에서 자본가 계급을 몰아냈다네. 그리고 노동자, 즉 프롤레타리아트들의 세상을 만들었지.

그러나 소위 자본가 계급을 몰아낸 후 도래한 세상은 더 끔찍하게 변해버렸다네. 우리 마을의 동포들은 모든 것을 안다고 주장하는 나폴레옹과 그를 추종하는 돼지들이 세운 계획의 노예가 되었다네. 그들의 계획에 따라 생산되는 모든 생산품은 역시 계획에 의해 분배되었는데, 그 분배의 기준 역시 나폴레옹과 그를 추종하는 돼지들이 결정하였다네. 문제는 우리 마을 동포들의 삶이 자본가 계급에게 지배를 받았던 때보다 더 가난하고 힘들어졌다는 것일세. 특히 누군가가 나폴레옹과 그의 돼지 동료들, 그들이 세운 생산과 분배 계획, 그리고 그들의 부당함과 불공정함에 대해 비판하거나 불평을 하면 쥐도 새도 모르게 사라지곤 했다네. 나 역

깨어나는 새벽

시 나폴레옹과 그 돼지 동료들을 비판하였다는 이유로 반혁명분자로 몰려서 결국 망명할 수밖에 없었다네.

제4절 수용소, 방드르디

나는 이매진 빌리지로 망명을 한 후 수용소에 머물면서 망명허가 신청을 하였다네. 거기서 나는 불법 입국으로 수용되어 있던 방드르디라는 이름의 산양을 만났네. 그는 나와 같이 수용소에 머무르다가 얼마 전 다른 수용소로 갔는데, 원래 스페란차라는 섬에서 살았다더군. 그와 나는 벗이 되었고, 나는 그를 보면서 내 꿈에 나왔던 아이의 의미를 이해하게 되었지. 그것은 바로 방드르디가 늘 보여주던 행동. '지금 여기'의 생동하는 삶속에서 넘치는 생명력과 날마다 창조하는 능동성으로 가득 찬, 그리고 타자와 나누는 일체감에 기초한 삶이었다네.

그 후에야 나는 내 꿈의 의미를 이해할 수 있었다네. 노예적이고 지배당하는 삶을 운명으로 받아들이는 낙타는 그와 같은 운명을 거부하는 사자가 되어야 하는데, 그 사자는 다름 아닌 "권력 의지, 즉 권력을 향한 의지(The will to power)"라는 사실을. 그 사자는 자신을 지배하고 노예화하려는 용에 맞서 싸우게 되는데, 사자는 용을 죽이고 나서는 반드시 먹어치워져서 어린아이가 되어야 한다는 사실을. 그 어린아이는 사자에 의해 파괴된 모든 가치의 폐허 위에 새로운 가치와 삶을 창조하는 자라는 사실을. 만약 용을 죽이고 난 사자가 먹어치워져서 어린아이가 되지 않으면 사자의 얼굴을 한 너무나 역겨운 추악한 존재가 되고 만다는 사실과, 아이는 다시 자신을 노예와 같은 삶으로 이끄는 모든 억압에 대해 언제나 다시 사자가 될 준비가 되어 있어야 한다는 사실을.

그러나 내 벗 나폴레옹은 혁명 후 결국 '권력 의지'에 먹히고 말았고 그는 사자의 얼굴을 한 추악한 존재가 되고 말았다네. 그는 내가 사랑하는 그린 빌리지를 계획과 주시, 그리고 노예와 같은 삶에 기초한 너무나 끔찍한 사회로 만들었네. 그리고 나와 함께 유토피아를 꿈꾸던 그린 빌리지의 동포들은 사자가 되기를 포기하고 낙타의 상태에 머무르고 말았지.

진정한 혁명이 이루어지기 위해서는 '노예와 같은 삶에서 벗어나기 위한 자기 초극'과 '사회에 혁명을 일으키는 변혁'을 위한 필수 동력이 되었던 '권력 의지'조차 먹어치워져야 한다는 사실을 그때는 알지 못했다네. 내가 그 같은 사실을 혁명전에 자각했더라면. 그래서 같이 혁명을 일으켰던 그린 빌리지의 동포들과 함께 '자본주의라는 사회구조의 문제'와 함께 '삶과 자기초극의 문제'에 대해 성찰하고 대화를 하였더라면. 그래서 사회혁명과 함께 각자의 사자를 먹어치우는 진정한 삶의 혁명을 이루었더라면. 나의 벗 나폴레옹과 나의 동포들이 그렇게는……

혁명가의 눈에서는 회한의 눈물이 흘렀다.

제3장

산양 방드르디, 또는 소유와 존재의 문제

제1절 스페란차 섬

나는 섬에서 태어났다. 우리 종족은 산양 종족이었는데 내가 태어났을 때 추장은 위대한 산뿔양인 크래그였다. 그가 추장으로 있는 동안, 그는 우리 종족의 기나긴 전통에 따라 종족의 인도자이자 조언자의 역할을 했다. 그는 추장이라는 위신을 지니고 있을 뿐 어떤 권력을 가지고 있지 않았으며, 우리 종족의 구성원들은 완벽히 평등했다. 나와 우리 산양 종족은 우리가 사는 대지에서 자유로운 삶을 마음껏 즐겼다.

그런데 내가 13살이 되던 해 크레그는 은퇴를 하고, 그 뒤를 이어 앙두아르라는 젊은 산뿔양이 추장이 되었다. 앙두아르는 거대한 몸과 웅장한 뿔, 그리고 위엄 있고 절도 있는 성품을 가지고 있었다. 하지만 그는 종전의 추장들과는 다른 어두운 의지를 가지고 있었다. 그는 자신이 다른 동료들과는 다른 뛰어난 존재이며, 다른 동료들은 자신의 의지에 복종해야 하고, 모든 산양들은 힘과 능력에 따라 서로 다른 대접을 받아야 한다는 것이었다.

앙두아르가 추장이 된 후 2년이 되어가던 무렵

섬에 독특한 존재가 들어왔다. 그는 염소 종족처럼 보였는데, 두 발로 걸으면서, 자신의 거처는 물론 섬의 곳곳에 울타리를 치고 식물들을 길렀다. 우리는 그의 행동에 호기심을 느꼈지만, 우리의 영역인 산까지는 올라오지 않았기 때문에 별다른 문제가 생기지는 않았다. 그러다 그가 우리가 주로 살고 있는 동쪽 산에 올라왔을 때 앙두아르에 의해 쫓겨나게 되었고, 그 후로 그는 산 쪽으로는 얼씬도 하지 않았다. 우리 종족은 이제 그에게 별다른 관심을 가지지 않았다.

우리 종족에게 큰 문제는 그가 아니라 앙두아르였다. 앙두아르는 더욱더 힘이 강해졌다. 자신의 씨족출신 산뿔양들과 함께 다른 씨족 및 부족을 약탈했다. 그리고 약탈한 것들은 자신의 뜻에 따라 재분배하고자 했다. 나는 이 같은 앙드아르의 의지를 받아들일 수 없었지만, 아직 앙두아르에게 도전할 힘이 없기 때문에 산을 떠나려고 했다. 하지만 앙두아르는 이를 허락하지 않았다. 어쩔 수 없이 나는 그와 싸웠고 패배했고 큰 상처를 입게 되었다.

나를 구해준 존재는 두 발로 걷는 그 염소였다.

깨어나는 새벽 67

그는 자신의 이름을 크루소라고 했다. 그는 나에게 방드르디라는 이름을 붙여주고 두 발로 서는 법과 그가 공용어라 부르는 언어를 가르쳐주었다. 나는 그를 통해 내가 나고 자란 곳이 세상의 작은 일부이며 섬이라는 것을 알았다. 그는 자신이 나고 자란 이매진 빌리지와 모든 대륙에서는 두 발로 서고 공용어 중 하나 이상을 구사하는 동물들을 '사람'이라고 부르고, 그렇지 않은 동물들은 그냥 '동물'이라고 부른다고 했다. 그는 나는 물론이고 섬의 모든 것들에 이름을 붙였고, 섬에도 이름을 붙여서 '스페란차'라 했다.

그는 내가 전혀 알지 못하는 방식으로 섬을 대했다. 그는 논밭이라는 것을 일구어 곡식을 쌓아 두고, 벌을 키우고, 꿀과 말린 생선과 과일청 등의 저장 식품을 비축했다. 나는 섬 자체를 비롯한 섬에 있는 모든 다른 동물들, 식물들, 돌과 흙들을 자신의 것이라고 여기고 그것들을 죽여서 쌓아두는 크루소를 도무지 이해할 수 없었다. 그는 물과 도구를 이용해서 이상한 것을 만들었는데, 그것을 시계라고 불렀다. 그리고 그는 자기가 시계라고 이름붙인 것의 명령을 받는 것처럼 행동했고, 마치 시계의 노예처럼 보였다. 그는 나에게 노동이 얼마나 중요한지, 그 노동이 들어간 것들은 재산이라고 부르는 것이며 재산권이 얼마나 소중한 것인지를 말하곤 했지만, 나로서는 도무지 그를 이해할 수 없었다. 나는 섬과 섬에 있는 모든 살아있는 동료들과 나 사이에 어떤 차별이나 차이가 있다는 것을 이해할 수 없었고, 모든 것을 주는 땅에 감사하지 않으면서 그 땅을 자기 것이라고 여기는 크루소가 미친 것처럼 보였다. 하지만 그는 나의 목숨을 구해 주었고, 친절했으며, 내가 하기 싫어하는 일을 억지로 강요하지는 않았기 때문에 그가 하는 놀이 같은 행동에 동조해주기로 했다.

크루소를 만난 지 2년이 지날 무렵 스페란차를 뒤흔드는 지진이 있었다. 그 지진으로 크루소가 만들어 놓은 집과, 동굴 울타리, 논과 밭, 양식장 등 모든 것이 무너져 내렸다. 절망에 빠졌던 그는 그가 얘기하는 스페란차와 하나가 되는 '경이로운' 체험을 한 후 자유로워졌다. 그는 네 발로 자유롭게 뛰기 시작했고, 더 이상 울타리나 죽은 것의 축적, 재산, 노동, 특히 시간의 노예상태에서 벗어났다. 그는 나와 함께 현재를 즐겼고, 큰 소리로 웃었고, 해변과 산기슭을 마음껏 뛰어다녔다.

내가 스무 살이 되던 해였다. 나는 드디어 앙두아르와 모든 것을 건 싸움을 벌였다. 비록 이기지는 못했지만 그를 쓰러트렸고, 그는 산양 종족의 추장 지위를 박탈당했다. 산양 종족은 다시 평등하고 자유로운 종족이 되었다.

2년 후 우연히 섬 근처를 지나가던 배가 스페란차에 도착했다. 그 배는 이매진 빌리지에서 온 화이트버드 호였다. 크루소는 스페란차에 남았고, 나는 더 넓은 세상을 보기 위해 화이트버드 호를 타고 스페란차를 떠났다.

제2절 화이트버드 호

화이트버드 호는 대륙 간에 물건을 실어 나르는 화물선이었고, 그 배에는 크루소의 표현에 의하면 사람과 동물이 같이 타고 있었다. 두 발이 아닌 네 발로 걷고 있는 소위 '동물'들은 선원이라고 했는데, 수십 명에 달하는 그들은 화물을 운반하고 모든 힘든 일을 감당했다. 그들은 한 달에 한 번씩 크루소가 나에게 주었던 것처럼 임금이라 불리는 돈을 받고 있었다. 나와 크루소의 관계에서는 놀이처럼 여겨졌던 것이 그들에게는 무엇보다 소중한 듯

했다. 두 발로 걷는 '사람'들인 갑판장, 항해사 등은 선원들에게 이런 저런 명령을 내렸고 선원들은 그들의 명령을 따랐다. 알고 보니 갑판장과 항해사들도 임금이란 이름의 돈을 받고 있었다. 모든 사람과 동물들에게 명령을 내리는 사람이 있었는데 그들은 그를 선장이라 불렀고, 놀랍게도 그 역시 임금을 받고 있었다. 그 배 안에는 아무 일도 하지 않고 좋아 보이는 옷을 입고 배를 거닐거나 자신 외에는 아무도 들어가지 못하는 공간을 화려하게 꾸며놓고 생활하는 여우가 한 명 있었는데, 사람과 동물들은 그를 선주라고 불렀다. 그는 보통은 배에 타지 않는데 이번에는 특별한 사정이 있어서 배에 타고 있다고 했다.

  배 안에서 가장 수가 많고 열심히 일하는 선원인 '동물'들은 쉴 새 없이 일하면서도 갑판장, 항해사, 선장으로부터 욕을 먹곤 했다. 그들은 모두 임금이라는 돈과 시간의 노예처럼 굴었다. 또한 그들은 언제나 서로에 대해 불평과 불만을 늘어놓았고, 전혀 기뻐 보이지 않았다. 그들은 지진 이전의 크루소와 같이 지금 이 순간의 하늘과 바다, 파도, 햇빛, 바람, 튀어 오르는 물고기들에는 관심이 없었다.

그들은 나를 깜둥이, 밀입국자라 불렀다. 그리고 배에서 일을 하지 않으면 먹을 것을 줄 수 없고 배에서 잘 수도 없다고 했다. 나는 금방 그들의 일을 익혔고 선원들 중 누구보다 능숙하게 일을 했다. 그러나 선원들은 혼자서는 아무도 나의 상대가 되지 않는다는 것을 안 뒤로는 여럿이 패를 지어 나를 괴롭히곤 했다. 세 달여의 항해 동안 나는 임금을 받지 못했는데, 선장을 대리한다는 갑판장은 자신들이 배에서 나를 먹여주고 재워주는 값만 해도 임금보다 많다는 이야기를 했다.

나를 좋아하고 먹을 것을 주고 잠잘 곳을 챙겨주는 선원이 딱 하나 있었다. 늙은 말 '사마린'이었다. 그는 내가 가장 힘든 일을 하고 선원들에게 괴롭힘을 당하고 임금도 받지 못 하면서도, 늘 활기차고 잘 웃고 평화로운 것이 너무 신기하다고 했다. 그러면서 나에게 몰래 말하기를 배가 항구에 도착하자마자 배를 떠나라고 했다. 그렇지 않으면 평생 배에서 임금도 받지 못하고 노예처럼 일하거나, 밀입국자로 수용소에 가야 한다고 했다. 나는 배가 이매진 빌리지의 항구에 도착하자마자 곧 배를 떠났다.

제3절 이매진 빌리지, 그리고 던 아주머니

내가 도착한 곳은 이매진 빌리지의 항구 도시였다. 나는 도시의 곳곳에서 보이는 그토록 많은 사람과 동물들, 먹을 것들, 건물들과 옷들, 탈 것들을 보고 너무나 놀랐다. 도대체 이렇게 많은 것들이 어디서 쏟아져 나온 것일까? 이런 것들을 쏟아내는 이 땅은 안녕한 것일까?

나는 항구 도시에서 시작하여 이매진 빌리지의 도시들과 마을들을 다니기 시작했다. 그리고 이 땅에서는 노동을 해서 임금을 받지 않으면 먹을 것, 입을 것, 잘 곳을 얻지 못했기 때문에 여러 가지 일을 했다. 편의점, 식당, 택배, 건설현장, 클럽…… 이런 곳들에서 일을 했다. 그리고 놀랐다. 이매진 빌리지도 똑같은 구조였다. 스페란차에서 지진이 일어나기 전의 크루소, 그리고 화이트버드 호와 말이다. 그들은 돈이라고 부르는 것들과 축적된 죽은 것들, 과거·현재·미래라는 시간, 그리고 그들이 국가-종교-정치-기업이라고 이름붙인 것들의 노예인 듯 했다. 그렇게 많은 먹을 것과 집, 건물, 화려한 옷과 장신구들이 넘쳐흐르는 것처럼 보여도, 그것을 갖지 못한 사람들과 동물들은 그것들을 갖고 싶어 했고, 그것을 가지고 있는 사람과 동물들은 그것들을 더 많이 가지고 싶어 했다. 그 어느 누구도 기뻐 보이지 않았다. 그들은 늘 시간이라고 하는 것이 자신의 뒤를 쫓아오는 것처럼 살았고, 돈이 부족한 것을 걱정하고 슬퍼하며 화를 냈다. 그리고 그들은 항상 일하는 동물, 명령하는 사람, 임금을 주는 사람으로 나뉘어 있었다. 그리고 그들은 너무나 당연한 듯이 동물과 사람, 동물과 동물, 사람과 사람 사이를 구분하고 차별했다.

나는 화이트버드 호에서처럼 그들로부터 불법 체류자, 이방인이라는 이름으로 불렸다. 나와 같은 일을 하는 동물들도 내가 그들과 다르다고 했고, 내가 그들과 같은 임금과 대우를 받는 것을 싫어했다. 임금을 주는 사람들도 당연히 그렇게 생각했고, 심지어 일을 시키고서는 자신이 경찰에 신고하지 않은 것을 다행으로 여기라며 임금조차 주지 않는 사람들도 있었다. 나는 그들에게 분노하고 가끔 그들을 두들겨 패주기도 했지만 이러한 모든 과정은 늘 반복되었다. 그렇게 2년이 흘러가면서 나는 지쳐갔다.

그 날도 나는 주택을 짓는 현장에서 벽돌 나르는

일을 하고, 저녁 무렵이 되어 밥을 먹고 쉬고 있었다. 그때 아름다운 노래 소리가 들려왔다.

『뭇 생명의 마음은 텅 비어 고요하고, 깊고 그윽하네.
그윽하고 그윽하나 어찌 온갖 사물의 모습을 벗어났겠으며
고요하고 또 고요하나 오히려 온갖 말 속에 있다네.
있다고 말해 보지만 한결같이 작용하면서 비어 있고,
없다고 말해 보지만 만물이 이것을 타고 일어나네.
이것을 무엇이라고 달해야 될지 몰라
억지로 이름하여 '뭇 생명의 마음'이라고 한다네』

나는 너무도 아름다운 노래에 이끌려 노래 소리가 나오는 곳으로 가보았다. 내가 한 달 가까이 밥을 먹었던 함바집의 닭 아주머니가 노래를 하고 있었다.
나는 그녀에게 말했다.
"노래가 너무나 아름다워요".
그녀가 웃으며 말했다.
"그렇지. 젊은이."

내가 말했다.

"그런데 텅 비어 고요하고, 깊고 그윽한 게 무엇인가요?"

그녀가 말했다.

"너는 이미 알고 있는 것 같은데, 그렇지 않니?"

내가 말했다.

"그래요. 그건 바로 나예요!"

그녀가 웃으며 말했다.

"그렇지. 알고 있구나."

내가 말했다.

"하하. 그렇지만 나는 몰라요"

그녀가 크게 웃었다.

그리고 그녀와 나는 이야기를 나누었다. 그녀의 이름은 던(Dawn)이라고 했다. 그녀는 자신이 부른 노래가 그녀의 선조인 브레이킹 던[Breaking Dawn, 깨어나는 새벽]이라는 닭이 지은 노래라고 했다. 나는 그녀에게 내가 살아온 이야기, 내가 느껴온 마음을 이야기해 주었다. 그녀는 기뻐하거나 놀라워하거나 같이 슬퍼하고 화를 내주면서, 내 얘기를 들어주었다. 그리고 그녀는 나에게 "삶, 깨어남, 평등"이라는 브레이킹 던의 노래를 하나씩 불러주면서 설명해주었고, 나는 깊은 감명을 받았다.

그녀와 만나 평화롭고 행복한 나날을 보낸 지 석 달 정도 지날 무렵, 나에게 임금을 주기 싫어 불법체류자로 고발한 공사현장 소장에 의해 나는 불법체류자들이 머무는 수용소에 갇히게 되었다.

제4절 만남

수용소에 있으면서 나는 돼지 스노볼을 알게 되었다. 이매진 빌리지와 이웃한 유토피아 빌리지에서 온 망명객이었다. 그를 통해서 나는 유토피아 빌리지의 사상가인 맑스 영감의 생각도 전해 듣고, 유토피아 빌리지에서 일어난 혁명이라고 하는 것에 대해서도 듣게 되었다.

나는 스노볼과 3개월 정도 같은 수용소에 있다가 다른 수용소로 옮겨졌다. 거기서 한 달 정도 지낼 무렵 염소 크루소를 다시 만났다. 그와 헤어진 지 약 3년 만이었다. 그와 나는 우리의 놀라운 만남에 서로 눈물을 흘리며 기뻐했다.

나는 크루소의 도움으로 던 아주머니의 양자로 입양되는 절차를 거쳐 수용소에서 나올 수 있었다. 스노볼 역시 당명이 허가되었다.

제4장

던 어머니, 그리고 깨어남

나는 던 어머니로부터 브레이킹 던의 얘기를 들었다. 던 어머니는 지금까지 어머니의 조상 가운데 두 명의 브레이킹 던이 있다고 했다.

첫 번째 브레이킹 던은 다른 이름으로 '원효'였고 두 번째 브레이킹 던은 다른 이름으로 '수운'이었다. 던 어머니는 첫 번째 브레이킹 던은 원효 큰선생님, 두 번째 브레이킹 던은 수운 큰선생님이라고 부르셨다.

제1절 일체의 모든 것은 연결되어 있다네
[일심이문一心二門]

아들아, 존재계 전체는 생명으로 가득 차 있는 생명적 우주란다. 이 생명적 우주를 원효 큰선생님은 '일심(一心)'이라고 했단다. 그리고 이 생명적 우주인 일심(一心)의 공통되고 보편적인 원리를 '심진여(心眞如)'라고 하고, 이 생명적 우주를 구성하고 있는 일체의 개별적 존재를 '심생멸(心生滅)'이라고 하셨단다.

아들아, 우리와 같이 의식이 있는 존재뿐만 아니라, 해, 달, 별, 바다, 바람이나 바위, 나무, 풀, 꽃처럼 의식이 없다고 여겨지는 일체의 존재들 역시

'심생멸(心生滅)'인 것이란다.

아들아, 생명적 우주인 '일심(一心)'과 개별적 존재인 '심생멸(心生滅)', 그리고 '심생멸(心生滅)'들 모두는 서로 깊게 연결되어 있단다. 원효 큰선생님은 이러한 관계성과 연결성을 '문(門)'이라고 표현하셨단다. 그래서 존재계 전체인 '일심(一心)'에 내재한 연결의 원리를 '심진여문(心眞如門)'이라고 하셨고, 개별적 존재와 존재계 전체의 연결성, 그리고 개별적 존재들 간의 연결성을 '심생멸문(心生滅門)'이라고 하셨단다.

아들아, 나와 너를 포함한 일체의 모든 존자는 서로 연결되어 있고, 원호 큰선생님은 그것을 일심이문(一心二門)이라고 하신 거란다.

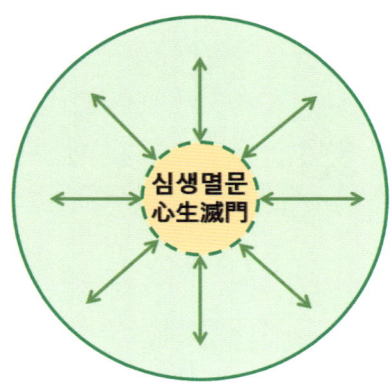

　두 번째 브레이킹 던인, 수운 큰선생님은 깊은 수행 속에서 하느님을 대면하셨단다.
　그리고 그 하느님은 "당신은 누구시냐?"고 묻는 수운 큰선생님께 "내 마음이 네 마음이다[오심즉여심吾心卽汝心. 吾나오, 汝너여]"라고 하셨지. 여기서 '내 마음(오심吾心)'이란 하느님의 마음을 의미하고, 그것은 원효 큰선생님의 '일심一心', 즉 존재계 전체인 생명적 우주와 같은 말이란다. 그리고 '네 마음(여심汝心)'은 수운 큰선생님의 마음을 가리키며, 이것은 다름 아닌 원효 큰선생님의 '심생멸문(心生滅門)'과 같은 말이다.

　결국 수운 큰선생님의 "내 마음이 네 마음이다[

오심즉여심吾心卽汝心]"라는 깨달음은 원효 큰선생님의 "일심이문一心二門"의 깨달음과 같은 것이고, 이는 "일체의 모든 것은 서로 연결되어 있다"는 깨달음이란다.

아메리카 대륙의 원주민인 인디언의 인삿말 중에 "미타쿠예 오야신'이라는 말이 있단다. 이것은, '모든 것은 서로 연결되어 있다'는 의미란다. 멋진 인삿말 아니니?

나는 던 어머니로부터 큰선생님들의 이야기를 듣고 깊은 감명을 받아 노래했다.

"일체의 모든 것은 서로 연결되어 있다네.
하늘과 땅, 해와 달과 별, 바람과 물과 바위,
나무와 풀과 꽃, 던 어머니와 나와 크루소와
스노볼……
이 모든 것들이 연결되어 있다네!
아! 미타쿠예 오야신!"

제2절 일체의 모든 것은 그 자체로
참되고 평등하다네 [심진여문心眞如門]

아들아, 심진여문心眞如門이란 생명적 우주인 존재계와 일체 존재의 공통된 상이자 원리적 측면을 의미한단다. 그런데 원효 선생님은 이 진여眞如를 "일체의 존재가 그 자체로 참되기 때문에 진眞이고, 평등하여 같기(동동) 때문에 여如"라고 하셨단다. 즉 일체의 존재는 참되기 때문에 그 자체로 존귀하고, 그 일체 존재들 간의 관계는 평등하다는 것이란다. 아, 이 얼마나 놀라운 말씀일까!

아들아, 원효 큰선생님 이전에는 '같다'라는 의미를 가진 '여如'를 불변이라고 해석했단다. 즉 심생멸문心生滅門은 마음의 변화하는 상태를 의미하고, 심진여문心眞如門은 불변의 어떤 절대적 상태로 해석했단다. 그런데 원효 큰선생님은 '여如'를 '평등하다'라는 뜻의 '동동同'으로 해석하신 것이란다.

원효 큰선생님은 진여眞如를 평등이라고 깨닫고, 일체존재의 평등성을 생명적 우주의 근본 원리로 선언하신 것이란다. 아마도 그래서 원효 큰선생님은 신라의 6두품 귀족으로 누리던 고승대덕이라는 신분을 버리고 '작은 마을에 사는 사내(小姓居士)'라는 이름으로 사신 것이겠지. 민중과 함께하는 삶을 선택했던 것이지.

수운 큰선생님은 "내 마음이 네 마음이다[오심즉여심吾心卽汝心]"의 큰 깨달음이 있은 후, 가장 먼저 한 일이 집단의 여자 노비 둘을 해방시켜, 그 중 한 명은 수양딸로 삼고 한 명을 며느리로 삼은 것이었단다.

아들아, 내가 바로 그 여자 노비였고 수운 큰선생님의 수양딸이 되었단다.

나는 던 어머니로부터 큰선생님들의 얘기를 듣고 노래했다.

깨어나는 새벽 85

"일체의 모든 것은 참되고 평등하다네.
 하늘과 땅, 해, 달, 별, 바람, 물, 던 어머니, 나,
 크루소, 스노볼……
 이 모든 것이 참되고 평등하다네!"

제3절 일체의 모든 것은 생성 변화의
　　　과정에 있다네 [심생멸문心生滅門]

아들아, 일체의 모든 것은 변하지 않는 것이 없단다. 일체의 개별적 존재는 물론이고 생명적 우주인 일심 그 자체도 끊임없이 생성 변화의 과정에 있단다. 그것을 원효 큰선생님은 심생멸心生滅이라고 표현하셨단다.

아들아, 인도와 유럽의 언어인 인도유럽어(영어도 인도유럽어란다)는 주어와 술어가 명확하게 구분되어 있지. 그래서 주어의 실체성, 불변성에 대한 사유가 등장을 했단다. 그래서 인도문명권에서는 브라흐만[범아凡, 우주의 궁극적 실재]과 아트만[我, 개인의 불변적 자아]이라는 실체적 사유가 등장을 하게 된 것이란다.

아들아, 실체(Substance)란 자신 이외의 어떠한

타자에도 의존하지 않고 스스로 존재하는 그 무엇을 지칭하는 철학적 용어란다. 그리고 인도의 위대한 성자 고오타마 싯다르타는 이러한 브라흐만과 아트만이라는 실체적 사유를 거부하고 혁명적인 무아(無我) 사상에 기초한 불교를 열었단다.

아들아, 이러한 인도유럽어의 특징은 서유럽문명권에서는 플라톤의 이데아(Idea)나 아리스토텔레스의 부동(不動)의 동자(動者)(스스로는 움직이지 않으면서 다른 것들을 움직이는 자)인 순수형상으로서 신(神)이라는 관념을 낳았고, 이러한 이데아나 신은 모두 실체이고, 불변이라는 특징을 가지고 있단다. 그리고 중동의 사막문명에서는 절대자이자 초월자로서의 유일신(唯一神)이라는 실체적이고 불변적인 관념을 낳았지. 이러한 실체론적인 사유는 근대에 이르러서는 데카르트의 마음(mind)-물질(matter)의 이원적 실체관념을 낳았고, 그 후 유심론(唯心論, 마음만이 실체라는 사유)과 유물론(唯物論, 물질만이 실체라는 사유)의 논쟁으로 이어지고, 맑스는 유물론에 기초해서 공산주의에 이르렀단다.

아들아, 이러한 실체론적 사유는 우리가 살고 있

는 현상세계의 배후에 불변의 어떤 실체가 있다는 관념에 기초한 것이란다. 그러나 원효 큰 선생님은 그러한 불변의 실체는 없는 것이고, 오직 생성과 변화의 과정에 있는 현상계만이 있다고 말씀하신 것이란다.

수운 큰선생님은 "나의 도(道)는 무위이화(無爲而化)"라고 말씀하셨단다. 무위이화(無爲而化)란 "함(외적인 조작)이 없이 스스로 변화한다"라는 뜻이란다. 결국 수운 큰선생님 역시 생명적 우주는 어떤 불변의 실체인 유일신(唯一神)이 조작하는 우주가 아니라 스스로 생성하고 변화하는 우주라고 생각했던 것이란다.

나는 던 어머니로부터 큰선생님들의 얘기를 듣고 노래했다.

"일체의 모든 것은 생성 변화의 과정에 있다네
하늘과 땅, 해, 달, 별, 바람, 물, 던 어머니, 나,
크루소, 스노볼……
이 모든 것이 멈추지 않고 생성하고 변화한다네!
이 뒤에 변하지 않는 무언가가 있다고?
쿵!"

제4절 원효 큰선생님의 성찰명상
[지관쌍운止觀雙運]

던 어머니는 원효 큰선생님으로부터 내려오는 명상법을 가르쳐주셨다. 생명적 우주에서 일체의 모든 것이 연결되어 있고, 그 자체로 참되고 평등하며, 생성 변화의 과정에 있다는 것을 체험하고 체득하기 위한 방법이었다.

제1항 바른 자세

아들아, 우선 자세를 바르게 해야 한단다. 물론 명상은 앉거나 눕거나 걷거나 서거나 어떤 상태에서도 이루어져야 하는 것이지만, 일단 시작은 앉은 자세 그 중에서는 반가좌(半跏坐)에서 시작하는 것이 좋단다.

반가좌(半跏坐)를 하기 위해서는 왼쪽 다리를 오른쪽 넓적다리 위에 올려서 몸 가까이에 끌어다 붙이고, 다음에는 왼쪽 발가락과 오른쪽 넓적다리가 가지런하게 하면 된단다.

손의 자세는 왼손 바닥을 오른손 위에 두어 손을

겹쳐서 왼쪽 넓적다리 위에 가지런히 두고 몸 가까이 끌어당겨 중심에 두어서 편안하게 하면 된단다.

몸의 자세는 먼저 안마하듯 몸과 팔다리의 마디를 요동시켜서 일곱·여덟 번 반복하여 몸을 단정하고 바르게 하여 어깨의 뼈가 수평이 되게 똑바로 하여 기울거나 솟아나지 않게 한단다.
머리와 목의 자세는 코끝이 배꼽을 기준으로 중심을 잡아서 좌우와 전후가 기울지도 삐뚤지도 않게 하며 위로 올리지도 아래로 내리지도 말고 평면으로 바르게 머물게 해야 한단다.

제2항 본각 本覺, 무명 無明, 불각 不覺

아들아, 생명적 우주에서 일체의 모든 것은 연결되어 있고, 그 자체로 참되고 평등하며, 생성 변화의 과정에 있단다. 그런데 왜 우리는 나와 일체의 모든 존재가 분리되어 있다고 여기고, 일체의 모든 존재들 간의 차별과 우열을 당연시하고, 무언가 절대 불변의 실체가 있다고 여기게 되는 것일까?

원효 큰선생님은 우리가 본래 깨어있는 상태라고 하셨고, 그 상태를 본각(本覺)이라고 하셨단다.

그리고 본래 깨어 있는 본각(本覺) 상태에서는 생명적 우주에서 일체의 모든 것이 연결되어 있고, 그 자체로 참되고 평등하며, 생성 변화의 과정에 있다는 것을 있는 그대로 보게 된단다.

아들아, 아래의 그림은 본각(本覺)상태에서 우리가 존재계 전체 및 일체의 존재들과 연결되어 평등하게 관계 맺고 있는 것을 의미한단다.

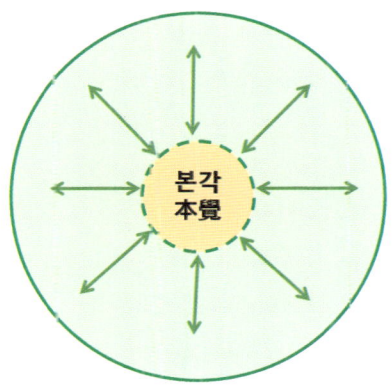

그런데 우리는 무명(無明)의 작용으로 인해 우리 자신이 일체의 모든 것과 분리되어 있고, 일체의 모든 것들 간의 차별과 우열이 존재하며, 무언가 절대 불변의 실체가 있다는 착각 속에 빠지게 되는 것이란다.

그러한 상태를 원효 큰선생님은 불각(不覺), 즉 깨어있지 못한 상태라고 하셨단다.

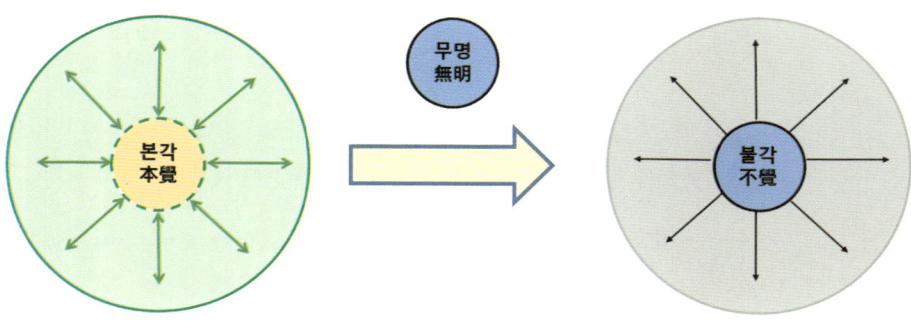

아들아, 아래의 그림은 불각상태에서 우리가 존재계 전체 및 일체의 존재들과 분리되어 차별과 우열, 지배, 그리고 경쟁적인 관계를 맺고 있는 것을 의미한단다.

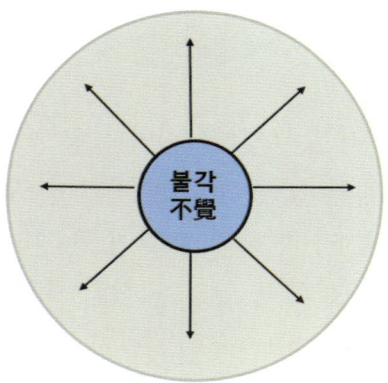

아들아, 본래 깨어 있는 우리, 즉 본각(本覺)상태의 우리를 깨어있지 못하게 하는 무명(無明 밝음이 없음, 없을 무無, 밝을 명明)이란 무엇일까?

원효 큰선생님은 존재계와 일체 존재가 참되고 [진眞] 평등하여[여如] 하나[일一]임을 있는 그대로 알지 못하여 마음[심心]에 홀연히 생각[념念]이 일어나는 것이라고 하셨단다.

무명無明
- 존재계와 일체존재가 참되고(진眞) 평등하여(여如) 하나(일一)임을 있는 그대로 알지 못하여,
- 마음心에 홀연히 생각念이 일어나는 것

아들아, "생각=념(念)"이란 마음(心) 속의 말이라는 뜻으로, '념(念)'속의 '今'이라는 글자는 원래 입과 혀를 그려놓은 것이란다.

아들아, 결국 무명이란 다른 것이 아니라 언어와 그 언어에 의해 일어난 생각을 의미하는 것이란다.

우리는 언어와 생각에 의해 문명을 건설했지만 그로 인해 가장 소중한 것, 생명적 우주 및 그 우주를 구성하는 일체 존재와 맺었던 연결과 평등함, 그리고 생성성을 잃은 것이란다. 앞에서 말한 인도유럽어권 중 서유럽문명권에서는 플라톤 이래 실재하는 현상계 대신에 관념(이데아Idea)적인 절대계의 실체성과 불변성에 기초한 사유를 해왔고 그 결과가 현재의 세계인 것을 생각할 때, 언어와 관념의 한계에 기초한 원효 큰선생님의 가르침은 너무나 큰 의미를 지니고 있는 것이란다.

나는 던 어머니로부터 원효 큰선생님의 얘기를 듣고 노래했다.

"우리는 본래 깨어 있다네.
그런데 우리는 잠든 것처럼 살고 있다네.
왜일까?
말이 우리를 꿈속으로 끌고 간다네."

제3항 사마타[삼매三昧]=지止=정定

아들아, 우리가 깨어나지 못한 상태, 즉 불각(不覺) 상태에 있는 것은 결국 언어와 생각에서 비롯

된 것이기 때문에 본래 깨어있는 본각(本覺)상태를 회복하기 위해서는 생각을 멈추어야 한단다. 이처럼 생각을 멈추는 것을 사마타[삼매三昧]라고 한단다.

원효 큰선생님은 이러한 사마타[삼매三昧]를 '지止'라고 하셨는데, '지止'는 멈춘다는 의미란다. 원효 큰선생님 이후 훌륭한 수행자였던 지눌이라는 선생님은 이 사마타[삼매三昧]를 '정정'이라고 하셨는데, '정정'은 '정한다'라는 의미란다. 우리는 이러한 『사마타(삼매三昧)=지止=정정』의 수행을 통해 본래 깨어있는 본각(本覺)상태를 체험하고 회복할 수 있는 것이란다.

『사마타(삼마三昧)=지止=정정』의 수행 방법은 어렵지 않단다.
다음의 말을 반드시 기억하렴.
"오직 모를 뿐Only don't know".
이 수행법은 이 시대의 훌륭한 수행자였던 숭산이라는 선생님이 제시하신 방법이란다.
아들아, 마음이 산란하고 복잡할 때, 불안할 때, 고통스러울 때, 화가 날 때, 무언가를 원할 때, 평안할 때, 즐겁고 기쁠 때, 그 어느 때이든 마음을 모아서 "오직 모를 뿐"이라고 되뇌어 보렴.

깨어나는 새벽 95

숭산 선생님은 말씀하셨단다.

"'나-나의-나를'이라는 마음을 내려놓고, 아무 것도 만들지 말고, 아무 것에도 걸리지 말고 '오직 모를 뿐'인 마음으로 곧바로 나아가십시오. 그러면 당신의 모를 뿐인 마음은 맑게 되고, 어떠한 상황에서도 맑게 비추어 보는 일이 가능해집니다."

아들아, "오직 모를 뿐"의 수행이 깊어지게 되면 마음이 편안해지고, 고요해지며, 맑아지게 될 거란다. 이처럼 산란한 생각을 멈추고 "오직 모를 뿐"의 마음이 된 것을 일념(一念)이라고 하고, 원효 큰 선생님은 그것을 심일경성[心一境性: 마음이 하나의 대상(경境)에 집중된 상태]이라고 하셨단다. 그리고 수운 큰선생님은 그것을 경(敬)이라고 하셨는데, 경(敬)이란 주일무적[主一無適: 마음을 하나에 집중하여 흐트러지지 않음] 상태를 의미하는 것이란다.

아들아, 이처럼 "오직 모를 뿐"의 수행이 깊어져서 『일념一念=심일경성心一境性=주일무적主一無適』상태가 되었다면 이제 한발 더 나아가야 한단다. 이제 그 일념(一念)을 알아차리고 있는 마음 상태 그 자체를 느껴보렴. 아들아, 바로 그 "순수한 알아차림"이 바로 본각(本覺)이란다.

일념一念  **알아차림**

심일경성心一境性
주일무적主一無適

성자신해性自神解
공적영지空寂靈知

  이러한 '순수한 알아차림=본각(本覺)'을 원효 큰선생님은 '성자신해[性自神解: 본성상 스스로 신령하게 앎]'이라고 하셨고, 지눌 선생님은 '공적영지[空寂靈知: 텅비어 고요하고 신령하게 알아차림]'이라고 하셨단다. 여기서 원효 큰선생님이 말하는 '신해(神解: 신령한 앎)'이나 지눌 선생님의 '영지(靈知)'는 언어와 생각이 개입하기 전, 그리고 분별과 차별이 일어나기 전의 상태를 의미하는 것이란다.

  나는 던 어머니가 말한 내용을 체험했다. 그리고 노래했다.

  "오직 모를 뿐!
   어떠한 생각, 감정, 감각 속에서도.
   순수한 알아차림!

텅 비어 고요하니 나는 어디에 있는가?
산도 없고 물도 없네."

제4항 위빠사나=관觀=혜慧

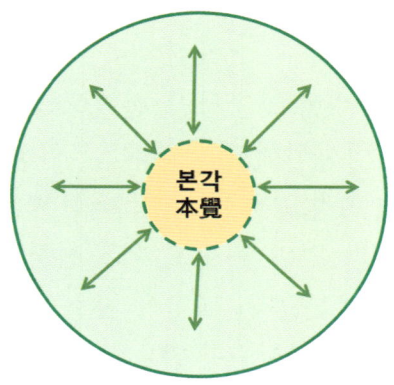

아들아, 이처럼 『사마타(삼매三昧)=지止=정定』
의 수행에 의해 본각本覺 상태에서 언어와 생각
이 개입되기 전 『일심一心=생명적 우주』와 접속
하게 된단다.

그러나 원효 큰선생님은 우리가 다시 언어와 생
각의 세계로 돌아와야 한다고 하신단다. 우리의 문
명이 언어와 생각으로 만들어진 이상 그것을 부정
할 수는 없기 때문이지. 앞서 말한 『사마타(삼매三
昧)=지止=정定』에 의지하여 언어와 생각의 한계

를 이해한 상태에서 다시 언어와 생각을 일으켜서 어떤 편견이나 오염 없이 일체를 있는 그대로 성찰하는 것을 '위빠사나'라고 한다. 원효 큰선생님은 이 위빠사나를 '관(觀)'이라고 하셨고 이것은 '본다'라는 의미란다. 그리고 지눌 선생님은 위빠사나를 '혜(慧)'라고 하셨는데 이것은 '슬기롭다, 사리에 밝다'라는 의미란다.

원효 큰선생님은 『위빠사나=관觀=혜慧』의 구체적인 과정으로 네 가지 단계를 말씀하시고 계신단다.

① 바르게 생각하여 판단하는 단계
[정사택正思擇]: 심생멸문心生滅門에 대한 성찰

이것은 인연이 되는 경계에 대하여, 반드시 다함이 있는 성질[진소유성盡所有性]을 지니고 있음을 바르게 생각하여 판단하는 것을 의미한단다. 이는 앞에서 말한 '일체의 모든 것은 생성 변화의 과정에 있다'는 '심생멸문(心生滅門)'의 진리를, 언어와 생각을 통해 깊이 성찰하는 것을 말한단다.

깨어나는 새벽

② **가장 지극하게 생각하여 판단함**
  **[최극사택最極思擇]: 일심이문一心二門과
  심진여문心眞如門에 대한 성찰**

  이것은 인연이 되는 경계에 대하여, 있는 그대로 평등한 진여의 성품[여소유성如所有性]을 지니고 있음을 가장 지극하게 생각하여 판단하는 것을 말한다. 이는 앞에서 말한 '일체의 모든 것은 연결되어 있다'는 '일심이문(一心二門)'의 진리와 '일체의 모든 것은 그 자체로 참되고 평등하다'는 '심진여문(心眞如門)'의 진리를 언어와 생각을 통해 깊이 성찰하는 것을 말한단다.

③ **빠짐없이 두루 생각함**
  [주편심사周徧尋思]: 구조와 원리에 대한 성찰

  이것은 인연이 되는 경계에 대하여, 혜[慧:위빠사나]에 기초해서 행함에 있어 분별(分別)하고 생각을 일으켜 그 모습과 상태를 빠짐없이 두루 세밀하게 관찰하는 것을 말한단다. 이는 앞에서 말한 두 가지의 성찰에 기초해서 주변 상황의 전체 구조와 원리에 대해 생각하는 것이란다. 서구유럽문명에서 자연과학과 사회과학에 기초해 고도로 발달

한 성찰이 이에 해당하는 것이란다. '아이작 뉴턴'의 중력 이론이나 '알버트 아인쉬타인'의 상대성이론, '찰스 다윈'의 진화론 등이 자연과학의 성찰로서 주편심사의 결과물이겠지. 그리고 사회과학 쪽에서는 '애덤 스미스'의 '보이지 않는 손'에 의해 작동하는 시장에 대한 이론이나, '칼 맑스'가 자본주의 사회를 생산수단의 소유여부에 따라 자본가 계급과 노동자 계급의 구조 속에서 이해한 이론을 들 수 있겠지.

④ 빠짐없이 두루 세밀하게 분별하고 살핌
[주편사찰周徧伺察]: 실천적 행동에 대한 성찰

이것은 인연이 되는 경계에 대하여 혜[慧:의빠사나]에 기초해서 행함에 있어 분별(分別)하고 생각을 일으킬 때 그 모습과 상태를 자세하게 조사하고 추구하여 빠짐없이 두루 세밀하게 분별하고 살피는 것을 말한다. 이는 정사택(正思擇)과 최극사택(最極思擇), 그리고 주편심사(周徧尋思)에 기초해서 실천을 위해 현실과 상황의 구체성, 그리고 실존의 문제에 대해 사유하고 성찰하는 것을 의미한단다. 또는 과학적 성찰에 해당하는 주편심사(周徧尋思)를 하기 위해 구체적인 현실과 상황을 분별하고 살피는 것을 의미하기도 한단다.

『위빠사나=관觀=혜慧』의 네가지 단계

정사택(正思擇) [바르게 생각하여 판단함]	'일체의 모든 것은 생성 변화의 과정에 있다'는 '심생멸문(心生滅門)'의 진리를 언어와 생각을 통해 성찰함
최극사택(最極思擇) [가장 지극하게 생각하여 판단함]	'일체의 모든 것은 연결되어 있다' 는 '일심이문(一心二門)'의 진리와 '일체의 모든 것은 그 자체로 참되고 평등하다' 는 '심진여문(心眞如門)'의 진리를 언어와 생각을 통해 성찰함
주편심사(周徧尋思) [빠짐없이 두루 생각함]	위의 두가지 성찰에 기초해서 주변 상황의 전체 구조와 원리에 대해 성찰함- 자연과학과 사회과학의 원리 탐구
주편사찰(周徧伺察) [빠짐없이 두루 세밀하게 분별하고 살핌]	위의 세가지 성찰에 기초해서 실천을 위해 현실과 상황의 구체성, 실존의 문제에 대해 성찰함. 또는 주편심사를 하기 위해 구체적인 현실과 상황을 분별하고 살핌

나는 던 어머니가 말한 내용을 이해하고 체험했다. 그리고 노래했다.

"오직 모를 뿐! 순수한 알아차림!
그리고 다시 말과 생각의 세계로 돌아오네.
산은 다시 산이고 물은 다시 물이라네.
산은 푸르고 물은 흐른다네."

제5항 사마타와 위빠사나를 함께 닦음
=지관쌍운止觀雙運≒정혜쌍수

아들아, 서구유럽문명에 기초를 둔 근·현대의 교

육은 주편심사(周徧尋思)와 주편사찰(周徧伺察)의 방법을 고도화하는 학문을 배우는 것이란다.

　이에 대해 원효 큰선생님은, 사마타와 그에 의지한 정사택(正思擇)과 최극사택(最極思擇)에 의한 성찰이 주편심사(周徧尋思)와 주편사찰(周徧伺察)의 기초가 되어야 한다고 하신 것이란다. 생명적 우주와 직접 닿는 접속이 없이 또 일체의 모든 것이 연결되어 있고 평등하며 생성변화의 과정에 있다는 진리에 대한 깊은 성찰이 없는 자연과학, 사회과학, 인문과학 지식은 극도로 위험할 수 있단다.

　아들아, 원효 큰선생님은 이처럼 사마타와 위빠사나는 함께 닦아야 한다고 하셨고, 그것을 지관쌍운(止觀雙運)이라고 하셨는데 '지止'와 '관觀'이 쌍雙으로 움직여야 한다는 뜻이란다. 그것을 원효 큰선생님은 다음과 같이 말씀하셨지.
　"지止와 관觀의 두 가지 행행이 반드시 서로 이루어져야 함은 새의 양 날개와 같고 수레의 두 바퀴와 같으니, 두 바퀴가 갖추어지지 않은 수레는 물건을 실어 나를 수 없고, 한 날개라도 없는 새가 어찌 허공을 날 수 있겠는가? 행하거나 머물거나 눕거나 일어나거나 어느 때든지 모두 응당 지止와 관觀을 함께 수행해야 한다."

  그리고 이와 관련해서 지눌 선생님은 거의 비슷한 의미로 정혜쌍수(定慧雙修)라고 하셨는데, 이 역시 사마타인 '정定'과 위빠사나인 '혜慧'를 쌍으로 닦아야 한다는 뜻이란다. 하지만 실제 내용에 있어서는 차이가 있단다. 지눌 선생님이 얘기하는 '혜慧'에는 정사택(正思擇)과 최극사택(最極思擇)의 의미만 있을 뿐, 주편심사(周徧尋思)와 주편사찰(周徧伺察)에 의한 성찰은 중요하게 여기지 않고 있단다.

  나는 던 어머니의 말을 듣고 노래했다.

"오직 모를 뿐! 순수한 알아차림! 지止!
 그리고 다시 돌아온 말과 생각의 세계! 관觀!
 지止와 관觀의 양 날개로 높이 날아올라
 일체를 있는 그대로 바라보리."

제5장

또 다른 스페란차, 차이가 편안히 드러나는 광장

던 어머니, 크루소, 스노볼, 그리고 나 방드르디는 우리가 모두 같이 만난 이매진 빌리지의 작은 항구도시('미추홀'이라는 이름이다)의 구석진 산기슭에 거처를 마련했고, 그 거처의 이름을 '스페란차'라고 지었다. 우리는 그 거처를 푸른 풀밭으로 가꾸었고 꽃과 나무를 심었다. 우리는 마음껏 떠들고 웃으며 자유롭게 걷고 뛰고, 노래하며 춤을 추었다. 그리고 던 어머니가 가르쳐 주신 원효 큰 선생님의 성찰명상법에 따라 나무 아래 각자 앉아 고요한 침묵 속에서 명상을 했다. 그리고 각자가 생각하고 깨달은 바를 얘기했다. 스페란차는 모두의 차이가 편안히 드러나는 광장이었다.

제1절 모든 동물은 사람이며, 사람은 모두 평등하다.

던 어머니는 이 말을 우리 스페란차 공동체의 중요한 원칙으로 제안했다. 사람이란 삶이라는 말에서 나왔는데, 삶에서 살음이 되었다가 사람이 된 것이기 때문에 살아있는 모든 것은 사람이라고 했다. 그리고 그 또는 그녀, 또는 그나 그녀가 아닌 것이 네 발 또는 두 발 또는 여러 개의 발로 걷든, 발이 없이 움직이든, 말을 하건 하지 않건, 살아가는 모든 것은 '사람'이라고 해야 마땅하다고 말했다. 그리고 그들은 모두 그 자체로 참되고 완전히 평등하다고 했다. 우리는 모두 동의했다.

제2절 소유와 탐욕의 찬양, 자본주의

우리는 이매진 빌리지에서 사는 우리 삶이 대해 얘기했다.

크루소는 자본주의 사회의 삶과 원효 큰선생님의 생각이 어던 관계에 있는지에 대해 관심이 많았다.

크루소가 말했다.

"나는 자본주의 사회에서 태어났고 살아왔고 생각해왔어. 그러서 내가 스페란차 섬에 처음 도착했을 때 내가 살아온 삶의 경험을 적용하려고 했던 거지. 내가 배우기론 사유재산은 그 무엇보다 중요한 지표라는 것이었어. 자본주의 철학자 '존 로크'는 다음과 같이 말했지.

- "비록 대지와 모든 열등한 피조물은 만인의 공유물이지만, 므든 사람은 자신의 인신(人身)에 대해서는 소유권을 가지고 있다. 이것에 관해서는 그 사람 자신을 제외한 그 누구도 권리를 가지고 있지 않다. 그의 신체의 노동과 손의 작업은 당연히

그의 것이라고 말할 수 있다. 그렇다면 그가 자연이 제공하고 그 안에 놓아둔 것을 그 상태에서 꺼내어 거기에 자신의 노동을 섞고 무언가 그 자신의 것을 보태면, 그것은 그의 소유가 된다. 그것은 그에 의해서 자연이 놓아둔 공유의 상태에서 벗어나, 그의 노동이 부가한 무언가를 가지게 되며, 그 부가된 것으로 인해 타인의 공통된 권리가 배제된다."[19] -고 말이야.

나는 이러한 로크의 사상에 영향을 받아 스페란차섬 헌법 제5조(재산권)에「스페란차 섬의 재산권은 그 재산을 형성하기 위하여 본인의 의지로 육체적, 정신적 노동을 투입한 자에게 주어지며, 재산권은 신성불가침의 권리이다.」라고 정했던 거야.

그리고 내가 배우기로는 탐욕은 선한 것이라는 거야. 이와 관련해서 자본주의 사상가 '애덤 스미스'는 다음과 같이 주장을 했지.

- 지주나 직공이나 구두공이 자기 가족을 먹여 살리는 데 필요한 것보다 더 많은 수익을 내면 그는 남는 돈으로 조수를 더 많이 고용해 이윤을 더

---

[19] 존 로크,『통치론: 시민정부의 참된 기원, 범위 및 그 목적에 관한 시론』, 강정인 옮김, 까치글방, 2023. 55쪽

욱 늘리려 한다. 수익이 늘어날수록 그는 점점 더 많은 조수를 채용할 수 있다. 따라서 민간 기업인의 수익 증대는 공동체의 부와 번영을 늘리는 기초가 된다. 이처럼 개인의 수익을 늘리려는 인간의 이기에 찬 욕구가 공동체 부(富)의 기반이 된다고 스미스는 주장했어. 스미스는 사실상 탐욕이 선한 것이고, 내가 부자가 되면 나만이 아니라 모두에게 이득이 된다고, 이기주의가 곧 이타주의라고 말한 것이지. 결국 그는 부와 도덕 간의 전통적인 대립을 부정하고, 부자가 되는 것이 곧 도덕을 실현하는 인간이 되는 것이라 주장한 거야.[20]

나(방드르디)는 말했다.
"참 이상한 생각이네요. 우선 로크라는 사람이 얘기했다는「대지와 모든 열등한 피조물」이라는 말은 정말 혐오스러운 생각이에요. 사람이외의 대지나 다른 존재를 모두 열등하다고 하는 거네요."
크루소가 대답했다.
"그래. 나도 만약 스페란차 섬에서 깨달음을 얻지 않았다면 그 생각이 얼마나 이상하고 혐오스러운 것인가하는 것에 대해 의심조차 못했을 거야.

---

20) 유발 하라리, 『사피엔스』, 조현욱 옮김, 김영사, 2017, 440~441쪽.

깨어나는 새벽 111

그런데 이에 대해 원효 큰선생님은 어떻게 말씀하시는 거야?"

나는 대답했다.

"원효 큰선생님에 의하면 일체의 모든 것은 연결되어 있고, 그 자체로 참되고 평등하다는 거예요. 그것을 일심이문(一心二門)과 심진여문(心眞如門)이라고 하셨어요. 하늘과 땅, 해, 달, 별, 바람, 물, 던 어머니, 나, 크루소, 스노볼, 그리고 모든 것들은 연결되어 있고, 그 자체로 참되고 평등하다는 거예요."

크루소가 얘기했다.

"정말 놀라운 생각이구나. 나와 하늘과 땅, 그리고 일체의 존재들이 그 자체로 참되고 평등하다니, 그리고 연결되어 있다니!"

나는 얘기했다.

"나는 크루소가 섬에 울타리를 치고 자기 땅이라고 주장하고, 내가 한 일에 대해 임금이라는 것을 주는 것에 대해 너무나 이상하게 생각했어요. 그런데 그것은 이매진 빌리지에서는 너무나 당연한 것으로 여겨지더라구요."

크루소가 말했다.

"그래 나 또한 그것을 아무 의심없이 마땅하다고 생각했어. 자본주의는 사람을 노동이라고 부르고 땅을 토지라고 부르면서 이것들을 상품이라고 해. 그리고 노동 또는 노동력이라는 상품의 대가를 임금이라고 부르고 토지라는 상품의 대가를 지대라고 부르면서 마치 시장 속에서 적정한 가격이 정해질 수 있는 것처럼 상상을 하고 있는 거지. 하지만 잘 생각해 보면 이것이 얼마나 괴상한 개념인지. 노동 또는 노동력은 다름 아닌 사람 그 자체이고, 토지는 자연 그 자체인데 말이야."[21]

내가 얘기했다.
"맞아요. 원효 큰선생님에 의하면 심지어 사람과 자연은 분리될 수도 없어요. 일심(一心)이라고 이름 붙인 생명적 우주 속에서 서로 존재 자치로 연결되어 있고 관계 맺고 있는데 그것을 어떻게 분리할 수 있겠어요. 그리고 그 자체로 참되고 평등한 사람을 어떻게 노동이나 노동력이라는 말로 부르면서 상품으로 취급할 수 있고, 대지를 어떻게 상품으로 취급할 수 있다는 걸까요. 그리고 사람과 대지를 시장에서 사고 팔 수 있다는 거라고 생각하는 걸까요. 정말 자본주의라는 삶의 방식은 너무나 괴상해요."

---

21) 칼 폴라니, 『거대한 전환』, 홍기빈 옮김, 도서출판 길, 2009. 제6장. 여기서 폴라니는 노동, 토지, 화폐를 '상품 허구'라고 한다.

크루소가 물었다.

"그런데 일체의 모든 것들은 연결되어 있고, 참되고 평등한데, 그것은 어떻게 서로 분리되고 차별적인 관계가 된 것일까?"

나는 던 어머니로부터 받은 원효 큰선생님의 책을 읽고 깊이 성찰했던 본각(本覺)과 무명(無明), 그리고 불각(不覺)에 대해 얘기했다. 그리고 불각(不覺)의 상태에서 어떻게 자아의식과 소유의식, 탐욕과 분노와 어리석음, 그리고 여러 가지 악한 행동이 등장하게 되는지에 대해 얘기했다.

"우리의 본래 깨어 있는 본각(本覺) 상태에서는 생명적 우주 안에서 일체의 모든 것이 연결되어 있고, 그 자체로 참되고 평등하며, 생성 변화의 과정에 있다는 것을 있는 그대로 보고 느껴요. 그런데 우리는 무명(無明)의 작용으로 인해 우리 자신이 일체의 모든 것과 분리되어 있고, 일체의 모든 것들 간에 차별과 우열이 존재하며, 무언가 절대 불

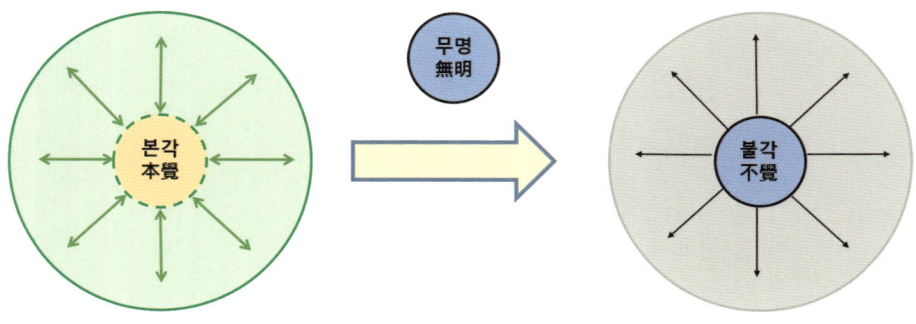

변의 실체가 있다는 착각 속에 빠지게 되는 것이고, 이러한 상태를 원효 큰선생님은 불각(不覺), 즉 깨어있지 못한 상태라고 하셨어요.

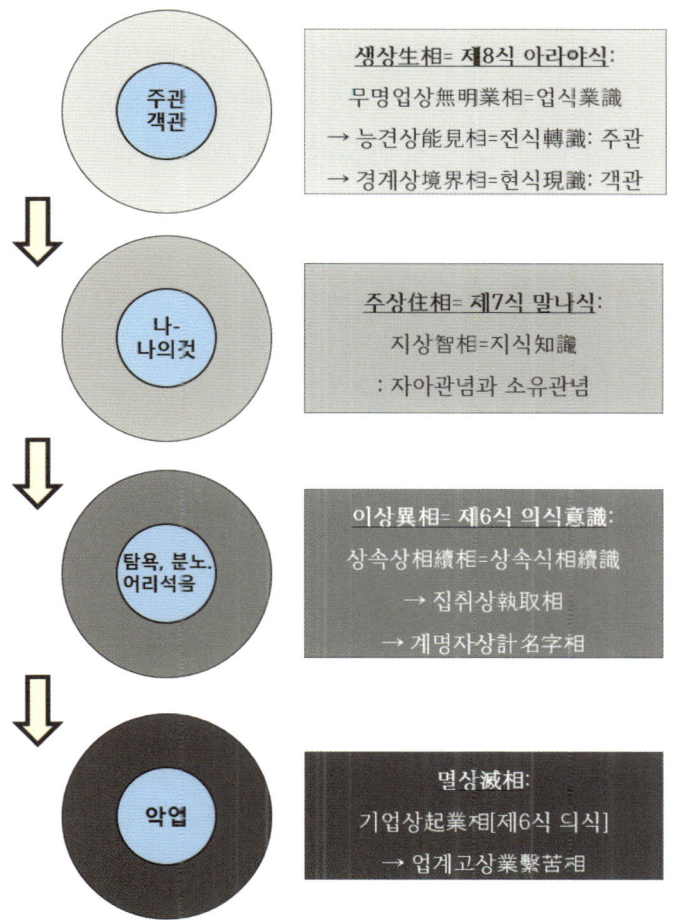

그리고 원효 큰선생님은 깨어있지 못한 불각(不覺)의 상태는 네 가지의 단계를 거쳐 점점 더 어둠이 깊어지게 된다고 하고 있어요."

"불각(不覺)의 첫 번째 단계는, 심층의식에서 『주관과 객관』이 등장하는 단계예요. 즉 존재계 및 일체 존재와 분리되어 있다는 착각의 첫 번째 단계는 아직 '나'라는 관념이 등장하지는 않았지만 자신과 존재계 및 일체 존재를 주관과 객관으로 분별을 하는 거예요. 이것이 미묘하지만 중요한 착각의 시작이죠."

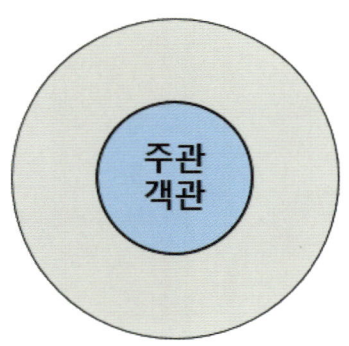

"깨어있지 못한 불각(不覺)이 더 깊어지고 어두워진 두 번째 단계는 『'나'라는 자아관념과 '나의 것'이라는 소유관념』이 등장하는 단계예요. 사실 우리가 소중히 여기는 '나'는 아무런 실체가 없는 것임에도 우리는 '나'라는 자아 관념을 만들어서

'나'와 '남' 그리고 '나의 것'과 '남의 것'을 나누고 그것을 실체화하는 거예요.

크루소가 말한 학자 '로크'는, 자연스러운 공유상태가 노동에 의해 개개인의 소유상태가 되는 것을 당연하고 논리적인 과정인 것처럼 묘사하고, 그 과정을 통해 만들어진 재산권을 어떤 불가침의 권리라고 주장하지만, 그것은 '나=자아'라는 가상의 관념에 기초한 것이어요.

생명적 우주와 일체의 존재가 사적 소유나 재산권의 대상이 될 아무런 근거는 없는 거라고 생각해요."

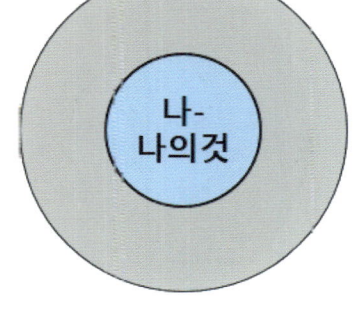

"불각(不覺)상태가 더 깊어지고 어두워지는 세 번째 단계에서는 『탐욕(탐貪), 분노(진瞋), 어리석음(치癡)』이 등장하는 단계예요. '나=자아' 그리고 '나의 것=소유'라는 관념에 얽매이고 그 관념을 절대화하는 것이 어리석음(치癡)이고, 그 '나=자아'

깨어나는 새벽

라는 관념의 만족을 위해 탐욕(貪慾)이 생겨나고, 그 탐욕을 만족시키지 못할 때 분노(瞋恚)가 생겨난다는 것이에요.

　사실 자본주의 이전의 삶에서 붓다나 예수, 소크라테스와 같은 위대한 스승들은 탐욕(貪慾)은 초극되어야 할 감정이라고 얘기했고 그러한 가르침에 의해 탐욕(貪慾)이 조절되어 왔던 것인데, '아담 스미스'를 비롯한 자본주의를 옹호하는 학자들이 탐욕이 선(善)이라고 정당화하면서 결국 생명적 우주의 균형이 깨지는 상태에까지 이르고 만 것이네요."

　"불각(不覺)의 깊은 어둠의 마지막 단계엔 악업(惡業)이 등장하게 되는데,『살생· 도둑질· 간음 등, 몸으로 짓는 세 가지 업』과『거짓말· 교묘하게 꾸미는 말· 협박· 이간질 등의 입으로 짓는 네 가지 업』이 대표적인 것이에요. 업(業)이란, 산스크리트

어인 '카르마'를 번역한 말인데 행위라는 뜻이에요. 우리는 이 같은 악업이 잘못된 것임을 알고, 모든 문명권과 사회에서는 금지하고 처벌하죠. 그러나 이 같은 악업의 뿌리가 실은, 자아 관념과 소유 관념 더 나아가서는 생명적 우주 및 일체의 존재와 우리 자신이 분리되어 있다는 착각 때문이라는 사실을 전혀 모르고 있는 거죠."

크루소가 말했다.

"방드르디, 나는 스페란차 섬에서, 그리고 다시 이매진 빌리지에서 살면서 여러 가지 생각을 해봤어. 나의 증조 할아버지는 나와 이름이 같아. 그분도 로빈슨 크루소였지. 그는 잉글랜드라는 서유럽 나라에 살았는데 당시 서유럽은 대항해시대였고 증조 할아버지는 대서양의 노예무역을 해서 돈을 벌었다고 해. 그 결과 브라질에 정착해서 농장주가

깨어나는 새벽 119

되기도 하셨지. 그러다 다시 노예무역을 하려고 항해를 하다 난파해 나처럼 무인도에 표류해 28년이나 사셨어.[22]

하지만 그 분은 나처럼 방드르디를 만나는 행운을 얻지는 못했고 평생을 자본주의자이자 제국주의자로 사셨어. 그리고 그러한 삶에 한 치의 의심도 없으셨지.

나는 로빈슨 할아버지의 삶을 반추하면서 결국 자본주의는 약탈에서 시작된 것이 아닐까 생각을 해보게 되었어. 대서양의 노예무역을 삼각무역이라고 하고, 서유럽의 제국주의 국가들이 아메리카나 아시아를 식민지화해서 착취한 것을 '자본의 축적'이라고 부르지만 그것은 결국 약탈, 즉 살인·도둑질·간음이라는 악업을 고상하게 부르는 말에 불과해. 이러한 약탈의 과정을 거쳐서 서유럽의 자본가들은 거대한 자본을 축적할 수 있었던 거야. 그들은 서로를 약탈하기도 했는데 북유럽과 잉글랜드 등의 상선과 해적선이 지중해의 상선들을 노략질했던 거야.[23]

---

[22] 사실 이것이 바로 우리가 알고 있는 로빈슨 쿠르소라는 모험 소설의 실제 내용이다.

[23] 페르낭 브로델, 『물질문명과 자본주의 읽기』, 갈라파고스, 2021. 104쪽

심지어 그들은 자기들 내부에서도 강탈과 착취를 자행했는데 대표적인 사건이 잉글랜드에서 벌어졌던 '양이 사람을 잡아먹은 사건'이야. 당시 잉글랜드에서는 모직산업이 발전해 모직의 원료인 양털의 수요가 급증했어. 그러자 지주들은 양을 방목하기 위해서 울타리를 치고, 농사를 짓고 있던 농민들을 강제로 몰아낸 사건이야. 이 사건을 고상하게 '엔클로저 운동Enclosure Movement'이라고 했어.[24] 그때 농지에서 쫓겨난 농민들은 결국 도시로 흘러들어가 도둑, 부랑자, 강도로 전락한 삶을 살다가 결국 자신의 노동력을 파는 노동자의 길로 들어서게 되는 거야. 당시 아이들은 보통 세 살 때부터 노동을 했고, 하루 15시간 가량을 일했다고 해. 특히 성냥공장에서는 아이들이 황린을 맡으면서 턱이 괴사하는 인 괴사에 시달렸는데, 당시 노동자들의 평균 수명은 18세 전후였다고 해.[25] 너무 끔찍한 상황이었지. 이것이 바로 산업혁명으로 불리는 고상한 개념 속에 숨은 실제의 삶이야. 결국 서유럽의 자본주의와 제국주의는 거대한 약탈, 즉

---

24) 유범상, 『이기적인 착한 사람의 탄생』, 학교도서관저널, 2018. 30~31쪽

25) 유범상, 『이매진 빌리지에서 생긴 일』, 지식의 날개, 2019. 183~186쪽

원효 큰선생님이 말하는 몸으로 짓는 악업인 살생·도둑질·간음에서 시작된 것이지."

크루소가 계속 말했다.

"나는 자본주의가 운영되는 방식 역시 참으로 이상하다는 사실을 알게 되었어. 우리가 앞에서 얘기했듯이 사람과 대지는 판매를 위해 생산되는 것이 아니므로 결코 상품일 수 없는데도 자본주의에서는 노동과 토지라는 이름으로 상품취급을 하면서 시장에서 거래를 하고 있지. 그것을 '칼 폴라니'라는 사상가는 상품 허구(commodity fiction)라고 불렀어. 그러면서 또 하나의 상품 허구로서 「화폐」에 대해 이야기 하지. 화폐는 단지 구매력의 징표일 뿐이며, 구매력이란 은행업이나 국가 금융의 메카니즘에서 생겨나는 것이지. 판매를 위해 생산되는 것이 아니기 때문에 상품일 수는 없는 거야. 그런데 자본주의는 이 화폐를 상품으로 취급하면서 화폐에 대한 대가를 이자라고 부르는 거야. 그리고 이처럼 상품이 아닌 화폐를 상품으로 취급하면서 과거 홍수나 가뭄으로 인해 피해를 입었던 것처럼 화폐의 부족이나 과잉은 경기에 엄청난 재앙을 가져오게 된 거야.[26]

'유발 하라리'라는 학자는 화폐와 관련된 자본주

---

26) 칼 폴라니, 『거대한 전환』, 243~244쪽

의 운영의 핵심인 은행이라는 제도에 대해 다음과 같이 얘기하지.

"은행은 자신들이 가진 1달러당 10달러를 빌려주는 것이 허용된다. 그 말은 우리의 은행계좌에 있는 모든 예금의 90퍼센트는 이에 대응하는 실제 화폐가 없다는 뜻이다."

그는 이러한 시스템을 고상하게 '인간의 상상력이 지닌 놀라운 능력에 바치는 헌사' '미래에 대한 우리의 신뢰'라고 얘기해. 하지만 그는 또 몰래 얘기하지. '이것은 거대한 피라미드식 이자 사기처럼 보인다.'[27] 라고 말이야.

이처럼 자본주의는 노동, 토지, 화폐라는 거대한 상품 허구에 기반하고 있는데, 결국 자본주의란 원효 큰선생님이 말하는 7대 악업 중에 거짓말과 교묘하게 꾸미는 말을 제도화하고 있는 사회가 아닐까?"

나는 얘기했다.

"우리가 이매진 빌리지에서 살고 있는 자본주의 형태의 삶은 알면 알수록 이상해요. 특히 스페란차 섬에서 크루소가 그랬듯이 축적된 것, 지나간 것, 궁극적으로 죽은 것들을 그렇게 사랑하고 아끼고

---

27) 유발 하라리, 『사피엔스』, 433~434쪽

매달리고 있는 것이요."

우리의 대화는 스노볼이 참여하면서 계속 이어졌다.

제3절 삶의 방식의 혁명 없는 생산양식의 혁명, 소위 공산주의

스노볼이 말했다.

"우리 유토피아 빌리지(혁명 전의 이름이 '그린빌리지'였다고 얘기했지)의 사상가 맑스 영감에 대한 얘기를 내가 했었지? 그는 축적된 노동을 자본이라고 불렀어. 또 자본을 이렇게 정의하기도 했지. '임금노동을 착취하고 새로운 임금 노동을 산출하여 다시금 그것을 착취하는 조건하에서만 증식할 수 있는 소유(poperty)'[28] 라고 말이야.

그리고 그는 자본의 무한 축적만을 중요하게 여기는 자본주의의 근본에 내재된 모순에 대해 이야기를 했다네. 그것은 생산력과 생산관계의 모순이라고 하지. 생산력이란, 재화를 창출하는 데 사용되는 모든 능력을 말하지. 사람의 정신적·육체적

---

28) 칼 맑스·프리드리히 엥겔스, 『공산당선언』, 이진우 옮김, 책세상, 2018, 37쪽

노동능력과 기계·설비·토지·동물과 같은 생산수단의 결합이 생산력을 구성한다네. 그리고 생산관계는 생산수단의 소유관계를 말하지. 이러한 생산력과 생산관계를 『생산양식』이라고 해. 그런데 자본주의에서 생산은 분업과 협동을 통해 점차 사회화되어 가는데, 생산관계는 소수의 자본가가 생산수단을 과도하게 소유하는 모순이 생겨나고, 마침내 생산수단의 소유관계인 생산관계가 변해야 하는 상황에 처할 수밖에 없다는 거야. 그리고 생산의 사회화를 대변하는 것이 노동자, 즉 프롤레타리아트이고 생산수단의 개인 소유를 대변하는 것이 자본가, 즉 부르조아지이므로 노동자(프롤레타리아트)의 단결에 의해 생산수단의 개인 소유를 철폐해야 한다는 거야.

  그러면서 그는 얘기했지. '프롤레타리아트는 잃을 것이라고는 쇠사슬밖에 없으며, 얻을 것은 세계이다. 만국의 프롤레타리아트여 단결하라!'고 말이야. 그리고 또 얘기했지. 공산주의자의 이론은 '사유(私有) 재산(private property, 생산수단의 개인 소유)의 폐지'라는 단 하나의 문구로 요약될 수 있을 것이다.'라고 말이야."

  내[방드르디]가 말했다.

"맑스라는 사상가가 사유 재산의 폐지를 얘기한 것은 정말 인상 깊네요. 그런데 맑스 영감님이 사람과 동물, 그리고 땅을 노동력과 생산수단이라는 이름을 통해서 보았다면 너무나 슬픈 일이에요."

스노볼이 얘기했다.

"맑스 영감은 자본주의의 운영 원리와 모순을 분석하는 과정에서 그 개념을 쓴 거니까 맑스 영감이 사람과 동물, 땅을 노동력이라거나 생산수단이라고 본 것은 아니라고 생각해. 오히려 그는 자본주의 체제에서 사람의 소외 문제에 대해 깊이 고민을 했거든."

내가 얘기했다.

"그런데 스노볼, 의문이 있어요. 그럼 맑스 영감님은 노동자들의 단결에 의해 자본주의 방식의 생산양식을 없애고 생산수단의 개인소유가 폐지되기만 하면 근본적인 변화가 일어난다고 보았을까요? 노동자들은 노예와 같은 상태에서 벗어나 풍요롭고 당당하게 실존할 수 있다는 건가요?"

스노볼이 대답했다.

"나도 맑스 영감님의 생각과 연설을 들었을 때 그런 의문이 들기는 했지만, 맑스 영감님의 생각에 압도당해서 그 의문을 물어보지도 못했고 당연히 그 답도 듣지는 못했어. 그런데 그 후 진행된 혁명의 결과 우리의 동료였던 노동자들의 삶이 오히려 더 노예화 된 것은 분명해. 나 역시 그 이유를 찾으려고 정말 많이 고민하고 공부해 보았어.

그러다 철학자인 '에리히 프롬'의 생각을 알고 깊은 인상을 받았어. 그는 '실존양식'이란 말을 사용하고 있어. 그에 의하면 실존양식에는 '소유하는 실존양식'과 '존재하는 실존양식'이 있다는 거야. 그에 의하면 '존재하는 실존양식'이란 "무엇을 소유하거나 소유하려고 탐하지 않고 기쁨에 차서 자신의 능력을 사용하고 세계와 하나가 되는, 그런 실존양식을 의미"하며, 그러한 '존재하는 실존양식'은 "오로지 지금 여기에만 있다"고 말하고 있어.

이에 반해 '소유하는 실존양식'은 "과거, 현재, 미래라는 시간 안에 있으며", "인간은 그가 과거에 축적한 것- 돈, 땅, 명성, 사회신분, 지식, 자식, 기억 등-에 묶여 있다"라고 하고 있어.[29]

그리고 '소유하는 실존양식'의 인간은 "남들과 비교하여 자신이 우월하다는 데에서, 힘을 지니고

---

29) 에리히 프롬, 『소유냐 존재냐』, 차경아 옮김, 까치글방, 2018. 38쪽, 184쪽. 원래 책에는 '소유하는 실존양식'은 '소유적 실존양식'으로, '존재하는 실존양식'은 '존재적 실존양식'으로 되어 있지만, '적'이라는 표현대신 '하는'이라는 표현으로 바꾸었다.

있다는 의식에서, 그리고 결국 정복하고 약탈하고 죽일 수 있는 자신의 능력에서 행복을 발견"하지만, '존재하는 실존양식'으로 사는 사람에게 "행복은 사랑하고 나누며 베푸는 것"이라고 하고 있어.[30)]

프롬은 맑스 영감이 얘기하는 자본과 노동의 관계 역시 소유와 존재의 문제였다고 얘기하고 있어. 즉 그가 이해하기로는 맑스에게 "노동은 인간의 활동을 대표하며, 인간의 활동은 곧 삶"이었지만, "자본은 축적된 것, 지나간 것, 이미 죽은 것"이었다는 거야.[31)]

맑스 영감이 말했던 자본주의 생산관계 속에서 부르조아지의 실존과 노동자의 노예 같은 실존은 프롬이 말하는 '소유하는 실존양식'에 해당한다는 생각이 들어. 그리고 그가 혁명을 통해서 풍요롭게 하고자 했던 노동자의 실존이란, 프롬의 표현을 빌리자면 '소유하는 실존양식'을 넘어서는 '존재하는 실존양식'으로 변화하는 것이라고 생각해. 실제로 맑스 영감님은 『자본론』이라는 그의 책 속에서 "그대의 존재가 적으면 적을수록, 그대가 그대의 삶을 덜 표출할수록, 그만큼 그대는 더 많이 소유하게 되고, 그만큼 그대의 삶은 더 크게 소외된

30) 에리히 프롬, 앞의 책, 120쪽.
31) 에리히 프롬, 앞의 책, 140쪽.

다."³²⁾ 고 얘기하기도 했지."

내가 말했다.

"정말 흥미롭네요. 프롬은, 실존양식이라는 어려운 말을 사용했지만 저는 '실존'이라는 말은 우리 일상어로 '삶'이라는 말로 정확히 표현할 수 있다고 봐요. 그리고 '양식(樣式, mode)'이란, 방식 또는 형식이라는 말이니, 결국 '실존양식'이란 '삶의 방식' 정도의 의미라고 생각해요.

그리고 프롬이 말한 '존재하는 실존양식', 그리고 맑스가 말한 '혁명후의 풍요롭고 당당한 삶의 방식'이란, 원효 큰스님이 말하는 '본각本覺, 즉 본래 깨어있는 삶의 방식'과 같은 의미가 아닐까 생각해요.

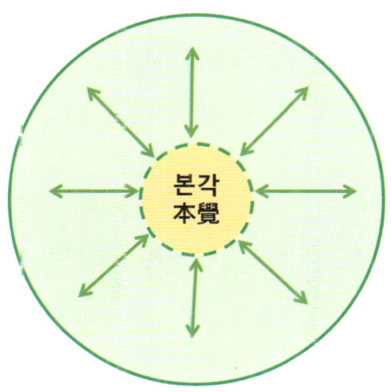

---

32) 에리히 프롬, 앞의 책, 225쪽. 번역문을 약간 수정했다.

또 프롬이 말한 '소유하는 실존양식', 그리고 맑스가 말한 자본주의 생산관계 속에서 부르조아지의 실존과 노동자의 노예 같은 실존은 원효 큰선생님이 말하는 불각不覺에 의한 삶의 방식이라고 생각해요.

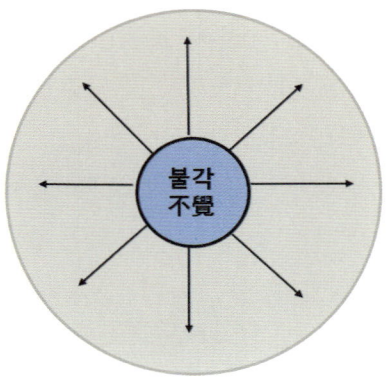

그런데 크루소와 얘기했듯이 원효 큰선생님에 의하면 불각不覺, 즉 깨어나지 못한 우리의 삶은 네 가지 과정을 거쳐 깊은 어둠 속으로 들어가요.

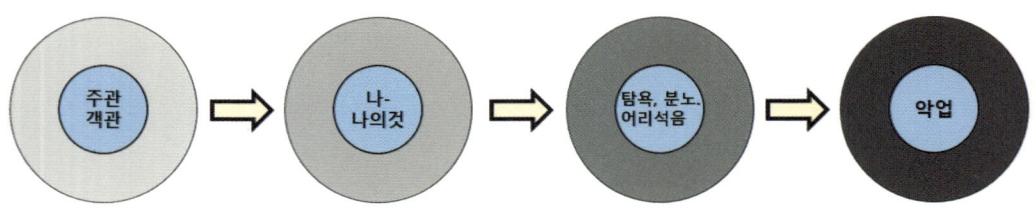

탐욕과 분노와 어리석음의 감정, 그리고 악업의 뿌리에는 '나'라는 자아관념과 '나의 것'이라는 소

유관념이 있고, 그 깊은 심층에는 '주관과 객관'이라는 미묘한 분별이 있는 거죠. 결국 맑스가 얘기한 '사유(私有) 재산(private property, 생산수단의 개인 소유)의 폐지'가 그 진정한 의미를 드러내기 위해서는, 그리고 프롬이 얘기한 '소유하는 실존양식'이 '존재하는 실존양식'으로 전환하기 위해서는 '나'라는 자아관념에서 벗어나고 더 나아가 '주관-객관'이라는 분별의식을 초극하는 것이 아닐까요?"

스노볼이 얘기했다.

"자아관념의 초극이라니, 그리고 '주관과 객관'이라는 분별의 초극이라니, 정말 근원에 닿는 접근이로구나. 그런데 어떻게, 그리고 어떤 과정을 거쳐 그러한 초극을 할 수 있는 것일까?"

내가 얘기했다.

"원효 큰선생님은 그것을 불각不覺상태에서 깨어남의 과정으로 시각始覺, 즉 '비로소 깨어남'이라고 얘기했어요. 그리고 불각不覺의 네 가지 과정과 상응해서 시각始覺에도 네 가지 과정이 있다고 말씀하셨어요. 범부각凡夫覺, 상사각相似覺, 수분각隨分覺, 구경각究竟覺의 네 가지 과정이에요. 나는 그것을 스노볼이 수용소에서 얘기해 준

깨어나는 새벽

스노볼의 꿈과 관련해서 이해할 수 있다는 것을 알았어요.

 범부각凡夫覺은, 스노볼의 꿈속에 나타난 낙타의 삶으로, 상사각相似覺과 수분각隨分覺은 사자의 삶으로, 구경각究竟覺은 아이의 삶으로 이해될 수 있을 것 같아요

 우선 범부각凡夫覺[범부, 즉 일반인의 깨어남]이란, 낙타의 단계예요. 이 단계에서 우리는 탐욕· 성냄· 어리석음의 무거운 중력을 견디어 내면서, 살생· 도둑질· 간음 등의 몸으로 짓는 세 가지 악업과 거짓말· 교묘하게 꾸미는 말· 협박· 이간질 등의 입으로 짓는 네 가지 악업을 짓지 않고 고독의 사막으로 나아가는 것이에요. 이것은 우리 시민들이 도덕을 행하는 삶을 사는 것이죠.

범부각凡夫覺: 낙타의 단계
[멸상滅相(7가지 악업)을 초극함]
탐욕·성냄·어리석음의 무거운 중력을 견디어 내며, 일곱가지 악업을 짓지 않고 고독의 사막으로 나아감

　상사각相似覺[본각本覺을 체험하여 비슷하게 깨어남]이란, 사자로서 표현되는 첫 번째 단계예요. 고독의 사막에서 사자가 되어 거대한 용과 싸우는 거죠.

　용은, '나'라는 자아관념과 '나의 것'이라고 하는 소유관념으로 이루어진 상징이죠. 드디어 문제의 근원과 대결하는 거예요. 이러한 싸움이 가능한 것은 본각本覺을 체험한 상태에서 그에 기초해서 싸

깨어나는 새벽　133

워가기 때문이에요. 본각本覺의 체험 없이 선의지만을 가지고 이 싸움을 해나갈 수는 없어요. 그래서 이 단계를 본각本覺과 비슷하다고 해서 상사각相似覺이라고 하는 거예요. 프롬이 말하는 실존양식, 즉 삶의 방식에 대한 혁명은 이 단계에서 시작될 수 있다고 생각해요. 그리고 맑스가 꿈꾸었던 진정한 의미의 사유재산의 철폐와 풍요롭고 당당한 노동자의 실존역시 실제로는 이 단계에서 시작될 수 있다고 생각해요.

상사각相似覺: 사자의 단계

[이상異相(탐·진·치)을 초극함]
고독의 사막에서 사자가 되어, '나'라는 자아관념과 '나의 것'이라고 하는 소유관념으로 이루어진 거대한 용과 싸움

수분각隨分覺[본각本覺을 체득하여 일부 깨어남]은, '나'라는 자아관념과 '나의 것'이라고 하는 소유관념을 초극하면서 여전히 사자로서 존재계가 자신과 구분되어 있다는 '분별'이라는 거대한 용과 싸우는 단계예요.

'나'라는 자아관념과 '나의 것'이라고 하는 소유관념의 뿌리는 존재계가 자신과 구분되어 있다는 분별, 즉 '주관과 객관의 분별'이기 때문에 그 '분별'과 싸워나가는 거예요.

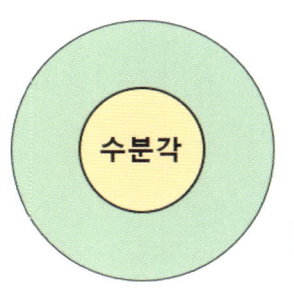

수분각隨分覺: 사자의 단계
[주상住相(자아·소유관념)을 초극함]
여전히 사자로서 존재계가 자신과 구분되어 있다는 '분별'이라는 거대한 용과 싸움

구경각究竟覺[온전한 깨어남=본각本覺]은, 다시 우리가 본각本覺의 상태에서 아이가 되어 '존재계=일심一心'에 머물러 순진무구함과 경이감으로 가득 차 현실세계에서 진여眞如의 이치를 실현하는 것을 말하는 거예요.

깨어나는 새벽

　인류의 위대한 스승인 붓다나 예수의 삶이 바로 이러한 구경각究竟覺의 삶으로 여겨져요. 이러한 아이의 단계와 관련해서 철학자 니체는 이렇게 노래하기도 했어요. "아이는 순진무구요 망각이며, 새로운 시작, 놀이, 제 힘으로 돌아가는 바퀴이며 최초의 운동이자 신성한 긍정이다. 그렇다. 벗들이여. 창조의 놀이를 위해서는 신성한 긍정이 필요하다"[33] 고 말이예요."

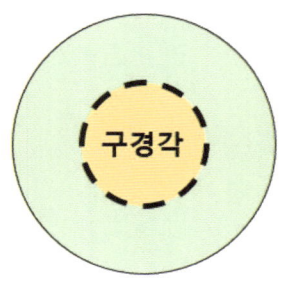

구경각究竟覺: 아이의 단계

[생상生相(주관-객관)을 초극함]

'존재계=일심一心'에 머물러 순진무구함과 경이감으로 가득 차 현실세계에서 진여眞如의 이치를 실현함

---

33) 니체, 『짜라투스트라는 이렇게 말했다』, 책세상, 2020, 40쪽

스노볼이 얘기했다.

"그래. 내가 수용소에서 방드르디 너를 만나서 네 삶을 보면서 깨달았던 것이 바로 그런 내용이었지. 너는 언제나 순진무구하고 지금 여기에서 늘 생동하면서 존재계 전체와 그리고 모든 타자와 일체감 속에 머물고 있다는 것을 느낄 수 있었지. 사실 내가 나폴레옹과 혁명을 꿈꾸고 혁명을 하고 있을 때는 나와 나폴레옹도 그런 순수한 감정과 일체감을 느낄 때가 많았단다. 하지만 혁명에 성공한 우리는 다시 탐욕과 분노와 어리석음, 그리고 악업으로 돌아가고 말았던 거야. 우리는 사자에서 아이로 가지 못했어. 오히려 도덕을 행하는 삶의 상징인 낙타조차 사자에게 먹혀버리고 말았던 거야.

내 꿈속에서 나는 다음과 같은 말을 들었어.

'내 말을 들어라. 더없이 지혜로운 자들이여. 살아 있는 것을 발견할 때마다, 나는 권력 의지도 함께 발견했노라. 보라. 나는 끊임없이 나 자신을 초극해야 하는 자이다.'[34] 여기서 말하는 '권력의지'란 내 꿈속의 사자였던 거야. 그리고 '권력 의지'는 '노예 같은 삶을 벗어나기 위한 자기 초극'과 '사회의 혁명'을 위한 필수 동력이자 동기였어. 하지만 그러한 '권력 의지'인 사자는 먹어치워져서 아이가 되어야 하는 것이었어."

---

34) 니체, 앞의 책, 194~195쪽. 번역문을 수정했다.

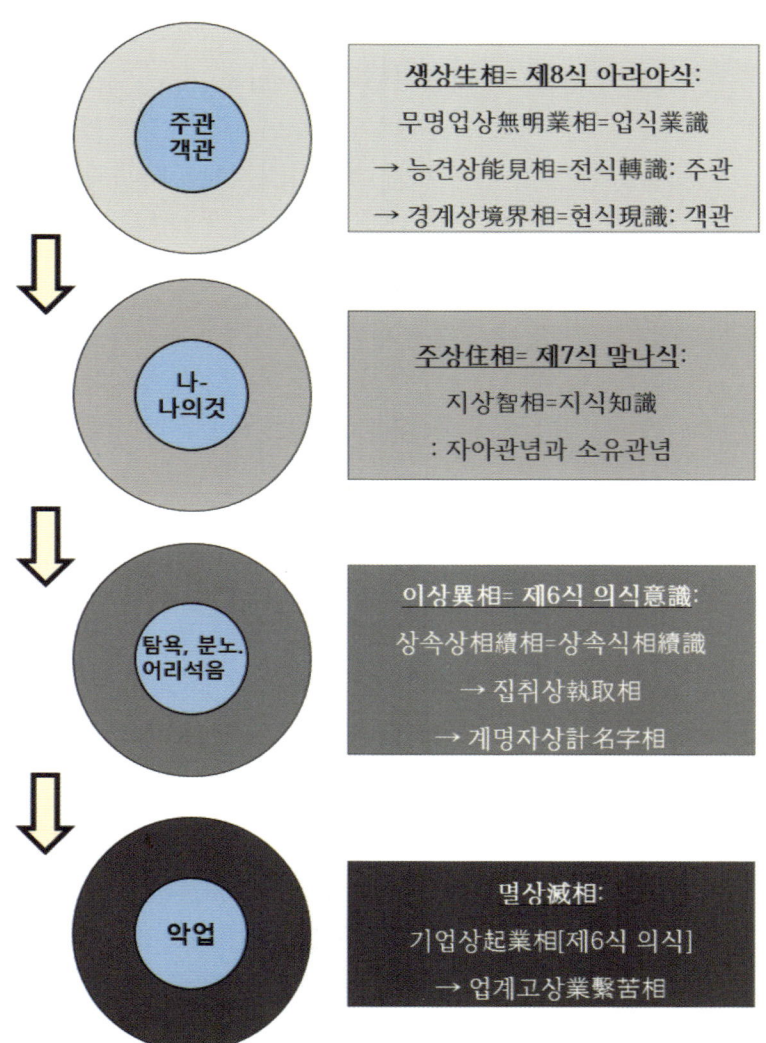

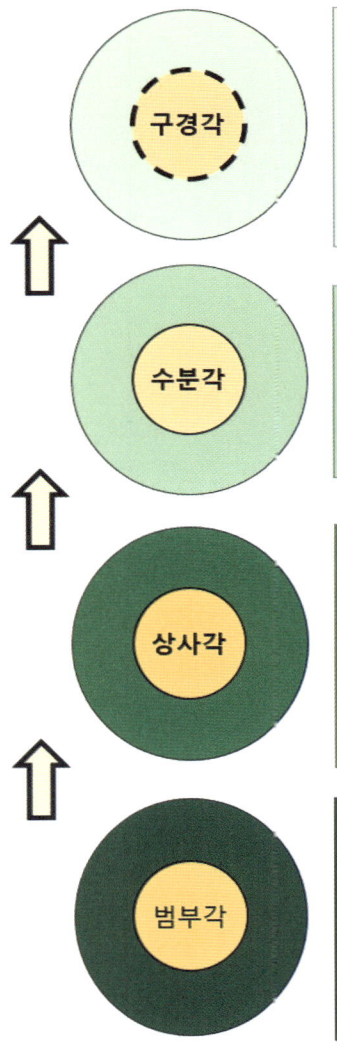

구경각究竟覺: 아이의 단계
[생상生相(주관-객관)을 초극함]
'존재계=일심一心'에 머물러 순진무구함과 경이감으로 가득 차 현실세계에서 진여眞如의 이치를 실현함

수분각隨分覺: 사자의 단계
[주상住相(자아·소유관념)을 초극함]
여전히 사자로서 존재계가 자신과 구분되어 있다는 '분별'이라는 거대한 용과 싸움

상사각相似覺: 사자의 단계
[이상異相(탐·진·치)을 초극함]
고독의 사막에서 사자가 되어, '나'라는 자아관념과 '나의 것'이라고 하는 소유관념으로 이루어진 거대한 용과 싸움

범부각凡夫覺: 낙타의 단계
[멸상滅相(7가지 악업)을 초극함]
탐욕·성냄·어리석음의 무거운 중력을 견디어 내며, 일곱가지 악업을 짓지 않고 고독의 사막으로 나아감

제4절 국가와 자본에 대항하는 사회

국가에 대항하는 사회[35]

내가 태어난 스페란차 섬의 여러 씨족과 부족으로 이루어진 전체 산양 종족의 추장이었던 크래그와 앙두아르에 대해서도 나는 얘기했다. 크루소와 스노볼, 그리고 던어머니도 흥미로워 했다.

나는 이매진 빌리지에 와서 국가라는 말을 처음으로 들었다. 이매진 빌리지의 사람들은 스페란차 섬과 같이 국가가 없는 지역은 미개한 지역이라고 했다. 그들은 말하기를 사회는 가족에서 씨족사회, 부족사회, 추장제사회를 거쳐, 절대 권력에 의해 질서가 유지되는 국가와 제국의 단계에 이르러야 성숙한 사회라고 했다. 그리고 그러한 사회가 정상이라고 했다.

그러나 나는 그러한 얘기를 이해할 수 없었다. 내가 태어났을 때 추장이었던 크래그는 절대권력을 가지고 있지 않았고, 단지 추장으로서 위신만을 가지고 우리 산양 종족의 인도자이자 조언자이자 중

---

[35] 이 부분은 피에르 클라스트르, 『국가에 대항하는 사회』, 홍성흡 옮김, 이학사, 2019. 제11장을 참고하였다.

재자의 역할을 수행했다. 그때 우리 종족의 구성원들은 완전히 평등했고 자유로웠다. 추장은 명령을 내리는 자가 아니며 으리 종족은 추장에게 복종해야 할 어떤 의구도 갖그 있지 않았다. 추장의 임무는 개인들, 가족들, 씨족들, 부족들 사이에서 나타나는 분쟁을 해결하는 것이었고, 추장은 질서와 조화를 되찾기 위해서 사회가 그에게 인정한 의신과 그 유일한 수단인 말을 사용하는 것 외에 다른 방법을 가지고 있지 않았다.

우리들은 하루에 평균 3시간 이상 먹이 활동을 한 적이 없고, 그것도 매일 하는 것도 아니었다. 나머지 시간은 게으름을 피우고, 우리 종족 및 다른 종족과 교류하며 얘기하고, 놀고, 축제를 벌이는 시간이었다. 그것은 여가 사회였고 풍요로운 사회였다. 우리 중에는 이웃보다 더 많이 일하거나, 더 많이 갖거나, 더 낫게 보이고자 하는 이상한 욕망을 가진 사람은 없었다.

크래그와 이전의 추장들이 있을 때 긍지 높은 우리 산양 종족은 같은 씨족이나 부족 내에서는 공동 기부(pooling)와 평등한 재분배가 원칙이었다. 그리고 씨족이나 부족 간의 교환이 필요할 때 정교하게 고안된 선둘과 답러라는 방식을 취했다.

깨어나는 새벽 141

이 과정에서 무엇보다 중요한 것은 상대방의 존엄성을 떨어뜨리는 말과 행동, 태도를 취하지 않는 것이었다. 여기에는 어떠한 강제나 폭력, 또는 이익이라는 동기는 없었다.[36]

그런데 앙두아르가 추장이 되자 그는 절대권력을 가지려 했다. 그는 자신이 종족 내 다른 산양들보다 나은 특별한 존재라고 생각하는 듯했다. 그래서 다른 동료들은 자신의 의지에 복종해야 하고 모든 산양들은 힘과 능력에 따라 서로 다른 대접을 받아야 한다는 것이었다.

심지어 앙두아르는 우리 종족들에게 필요 이상의 일을 할 것을 요구했다. 그리고 남는 생산물은 자신과 자신의 씨족 중에서 선택한 자들이 관리하며 기근이 생길 때 이를 필요에 따라 재분배할 것이라고 했다. 그는 공동기부와 평등한 재분배, 선물과 답례라는 교환방식은 적절하지 않다고 했다. 그리고 그는 이를 거부하는 다른 씨족과 부족으로부터 생산물을 약탈하기 시작했다. 그는 공동기부와 평등한 재분배, 선물과 답례라는 교환방식에 담겨있는 존중의 정신을 전혀 이해하지 못했다.

앙두아르가 추장으로 있으면서 우리 종족은 평등하지 않았고 자유롭지 않았고, 행복하지 않았다.

36) 칼 폴라니, 같은 책, 제4장, 180~207쪽

우리 종족들이 전혀 생각하지 못했던 절대권력, 복종, 의무, 억압과 피억압 관계가 우리 종족 사이에 등장하고 있었다.

나와 우리 종족은 더 이상 앙두아르를 참아낼 의사가 없었다. 나는 독숨을 걸고 앙두아르에게 도전했다. 처음에는 그에게 패했지만 다음에는 그와 같이 쓰러졌다. 그리고 앙두아르는 우리 종족, 그리고 스페란차 내 모든 종족으로부터 추방당했고 그는 쓸쓸하게 죽었다. 그에게 동조했던 그의 씨족 내 다른 산양들 역시 같은 처지에 놓였다.

스노볼은 내 얘기를 듣고 놀라워하면서, 스페란차 섬은 '국가에 대항하는 사회'라고 볼 수 있다고 했다.

즉 그 사회는 충분히, 폭력을 독점으로 행사하는 절대 권력의 국가가 등장할 수 있었는데도, 그 구성원들이 자유와 평등을 위해 국가의 등장을 사력을 다해 막아온 사회라고 했다.

던 어머니 역시 매우 흥미로워 했다. 스페란차 섬의 사회에서 삶의 방식은 결국 원효 큰선생님이 꿈꾸는 일심一心과 본각本覺에 기초한 사회, 모든 개별 존재가 생명적 우주 및 다른 개별 존재와 연결되어 있으면서 각자가 있는 그대로 참되고 존엄하

깨어나는 새벽 143

며 평등하게 살아가는 사회가 실재할 수 있다는 증거라고 기뻐했다.

자본에 대항하는 사회

크루소는 '가리타니 고진'이라는 학자가 세운 개념인 '교환양식'에 대해 이야기했다. '폴라니'와 마찬가지로 '고진'에 의하면 사람의 역사에서 교환의 방식은 자본주의식 상품교환만 있었던 것은 아니라고 했다.

가장 보편적인 형태 중의 하나는 앙두아르 이전의 스페란차 섬과 같이 '공동기탁-재분배, 그리고 선물-답례'의 방식이다.
이 방식을 고진은 '교환양식A'라고 부른다고 했다.
또 하나의 보편적인 교환양식은 바로, '약탈-재분배'의 방식이다. 즉 하나의 공동체가 다른 공동체를 침략하여 약탈을 하는 억압공동체가 되는 것이다. 억압공동체는, 약탈을 지속하기 위해 피억압공동체에 대해 치안이나 관개· 복지와 같은 재분배 구조를 만든다. 이러한 '약탈-재분배'라는 교환양식을 제도화한 것이 국가이고, 앙두아르가 하고자 했던 것이 바로 이것이라고 했다. 이 방식을 '고진'은 '교환양식B'라고 부른다고 했다.

그리고 세 번째 교환양식이 다름 아닌 상호 합의에 의한 상품교환 방식이라고 했다. 이 방식을 '고진'은 '교환양식C'라고 했다. 이러한 상품교환의 방식은 역사 이래 존재해왔지만 모든 사회를 지배하지는 못했다. 그런데 이러한 상품교환의 방식이 마침내 사회 전체를 지배하게 된 것이 자본주의이다. 자본주의 사회의 상품교환 방식이 이전의 상품교환 방식과 다른 점은, 상품이 될 수 없는 인간과 토지, 그리고 화폐가 상품 허구(commodity fiction)로써 시장에서 거래되는 상품이 된다는 것이다. '칼 폴라니'가 얘기한 바로 그 내용이다.

그러면서 '고진'은 '교환양식D'를 제시하고 있다고 했다. '교환양식D'란 교환양식B가 초래하는 국가를 부정하고, 교환양식C가 초래한 자본과 계급 분열을 넘어서, 교환양식A를 높은 차원으로 회복하는 것이라고 한다.

그에 의하면 사회주의란 다름 아니라 교환양식D를 실현하는 것이라고 했다.[37]

스페란차 섬에서 내가 살며 경험한 사회구조가

---

37) 가라타니 고진, 『세계사의 구조』, 조영일 옮김, 도서출판b, 2017, 31~43쪽.

이러한 깊은 의미를 지니고 있었다는 것을 알게 되어 나는 감동을 받았다. 그리고 맑스의 '생산양식', 프롬의 '실존양식', 고진의 '교환양식'이라는 개념에 대해서도 이해하고 공감했다. 세 가지 양식의 혁명은 곧 도래할 거대한 전환의 참된 의미를 드러내고 있었다. 그 가장 밑바탕에는 원효 큰선생님의 '일심이문一心二門'과 '본각本覺- 불각不覺- 시각始覺'의 철학이 자리잡고 있었다.

제5절 스페란차 공동체 헌장

우리는 우리가 얘기했던 내용들을 가지고 스페란차 공동체 헌장을 만들기로 했다.

제1조 일체의 모든 것은 연결되어 있고, 그 자체로 참되고 평등하며, 늘 생성·변화의 과정에 있다.

우리가 합의한 첫 번째 문장은 위와 같았다.
이와 관련해서 크루소는 '평등하며'라는 글 앞에 '법 앞에'라는 낱말을 덧붙여서 '법앞에 평등하며'가 어떻겠느냐고 제안했다. 이에 대해 스노볼은 '법'이라는 것이 법을 만드는 사람들과 집행하는 사람들에 의해 좌우될 수밖에 없는 것이라면서, 법이

전제되지 않고도 모든 동물은 평등한 것이 아니냐는 의견을 냈다. 크루소 역시 동의를 했다.

던 어머니는 "모든 동물은 사람이고, 사람은 모두 벗이며, 평등하다."라는 부속문장을 제안했고, 이에 대해 모두 동의했다.

제2조 낙타는 사자가 되어야 하고, 사자는 아이가 되어야 한다. 사자의 심장을 가진 아이가.

우리가 합의한 두 번째 문장은 위와 같았다.
나는 이에 대한 부속 문장으로 "늘 알아차리고 깨어 있어야 한다."는 문장을 제안했고, 이에 대해서도 모두 동의를 했다.

제3조 참다운 나눔과 관용, 적당한 가난과 불편함, 그 속의 삶의 기쁨, 그것이 스페란차의 삶이다.

우리가 합의한 세 번째 문장은 위와 같았다.

참다운 나눔과 관용

던 어머니는 여기서 '참다운'이라는 의미는 헌장 제1조와 관련이 되어 있다고 했다. 즉 참다운 나눔과 참다운 관용은 타인에 대한 차별과 우월의식에서 행하는 자선이나 연민과는 다른 것이라고 했다. 그것은 우리 모두가 연결되어 있고, 벗으로서 평등한 존재라는 진리에 대한 깊은 체득 속에서 우러나는 것이라고 했다.

그러면서 던 어머니는 원효 큰선생님의 '육바라밀(六波羅蜜)'이라고 하는 실천Praxis에 대해 말했다. 바라밀(婆羅蜜) 또는 바라밀다(波羅蜜多)란 산스크리트어 빠라미따(पारमिता pāramitā)를 음에 따라 번역한 것으로, '완전한 상태·궁극(究極)의 상태·최고의 상태'를 의미한다.

'육바라밀(六波羅蜜)'이란 '보시바라밀·지계바라밀·인욕바라밀·정진바라밀·선정바라밀·지혜바라밀'이라고 했다.

'보시報施바라밀'에서 보시報施란 '준다' 또는 '나눈다'라는 의미인데, 우리 모두가 연결되어 있고, 벗으로서 평등한 존재라는 진리에 대한 깊은 체득, 즉 소유가 아닌 존재 하는 삶의 방식 속에서 우러나는 '줌' 또는 '나눔'이 바로 보시바라밀, 즉 '참다운 나눔'이라고 했다. 우리들에게 이같은 보시바라밀은 크루소가 말한 교환양식D, 즉 '공동기부-재분배'와 '선물-답례'라는 교환양식의 고차원적 회복이라는 의미로 받아들여졌다.

'지계持戒바라밀'이란 존재하는 삶의 방식에서 자연적으로 나오는 수신(修身)이며, 자기 규율(self-discipline)이고, 자율(自律)이라고 했다.

'인욕忍辱바라밀'에서 인욕忍辱이란 '욕됨을 참는다'는 의미인데, 존재하는 삶의 방식에서 우러나는 '참된 관용'이 바로 인욕바라밀이라고 했다. 이는 우리 모두가 연결되어 있는 벗으로서 다른 존재와 나누는 참된 우정이며, 참된 연대라고도 했다.

'정진精進바라밀'이란 존재하는 삶의 방식에서 우러나는 성실誠하려는 노력이며, 지속이라고 했다.

'선정禪定바라밀'에서 선정禪定이란 산스크리트어로는 '삼매 또는 사마타'이고 지관止觀의 '지止'라고 했다. 선정바라밀이란 본각本覺에 대한 깊은 체득에서 우러나오는 순수한 알아차림을 의미한다고 했다.

'지혜智慧바라밀'에서 지혜智慧는 산스크리트어로는 '위빠사나'이고 지관止觀의 '관觀'이라고 했다. 지혜바라밀이란 본각本覺에 대한 깊은 체득에서 우러나오는 선정바라밀[삼매=지止]에 기초한 성찰을 의미한다고 했다.

교육사상가이면서 혁명가인 파울루 프레이리는 참된 해방이라는 목적을 위한 실천은 '성찰에 기초한 행동'이어야 한다고 하며, 이를 '프락시스Paxis'라고 했는데, '육바라밀(六波羅蜜)'은 이같은 프락시스Paxis의 내용을 구체화해서 제시하고 있었다.

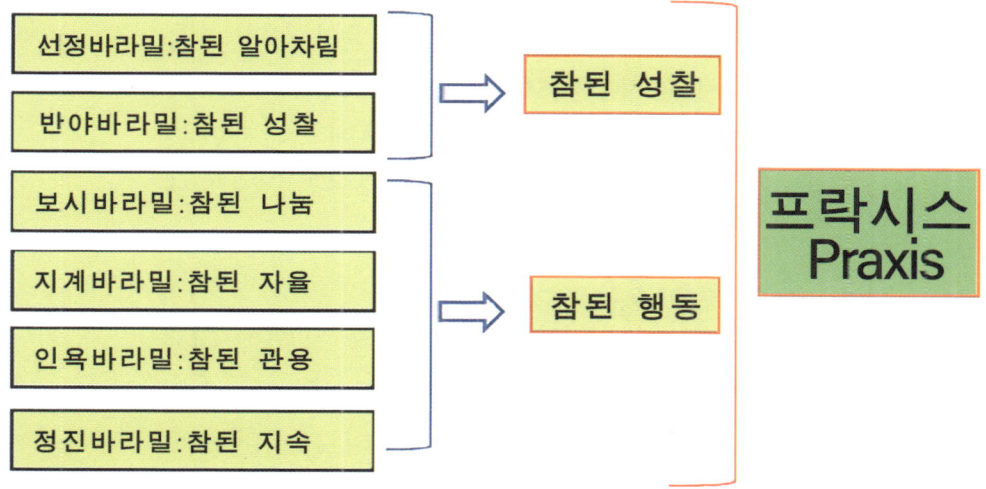

적당한 가난과 불편함

  적당한 가난과 불편함이라는 표현에 대해서는 많은 얘기가 오고 갔다.
  우선 무소유나 '사유(私有) 재산(private property, 생산수단의 개인 소유)의 폐지'라고 기재하는 것이 어떤가에 대해 얘기를 했다. 그러나 무소유나 사유재산의 폐지는, 우리 삶의 방식[실존양식]이 '소유하는 방식'에서 '존재하는 방식'으로 전환되는 과정에서, 특히 원효 큰선생님의 표현에 의하자면 수분각隨分覺 상태에 이르러서야 자연스럽게 진행되는 것이라는데 합의를 했다.

  다음으로는 적당한 가난과 불편의 의미에 대해 얘기를 했다. 자본주의는 자본의 무한한 자기증식과 '성장'이라는 교리에 기초하는데, 작지만 소중하고 생명의 신비로 가득 찬 우리의 행성(지구)은 유한하다. 자본주의가 지닌 문제의 핵심은 바로 거기에 있었다. 그러므로 무한한 성장과 그에 따른 무한한 소비는 불가능한 것이라는 것에 우리는 동의했다. 그리고 '성장'이라는 자본주의의 교리가 전제하는 물질의 풍요로움과 편안함을 거부하는 것이 진정한 삶의 기쁨을 위한 필수조건이라는 데 합의했다.

 우리는 그것을 "적당한 가난과 불편함, 그리고 그 속의 삶의 기쁨"이라고 표현하기로 했다.

 우리가 합의한 스퍼란차 헌장을 쓴 작은 팻말을 우리는 농장 입구에 끄아 놓았다.

 그 내용은 다음과 같았다.

스페란차 헌장

이 헌장에 동의하는 모든 동물=사람을 환영합니다.

제1조 일체의 모든 것은 연결되어 있고, 그 자체로 참되고 평등하며, 늘 생성 변화의 과정에 있다.
※ 모든 동물은 사람이고, 사람은 모두 벗이며 평등하다.

제2조 낙타는 사자가 되어야 하고, 사자는 아이가 되어야 한다. 사자의 심장을 가진 아이가.
※ 늘 알아차리고 깨어 있어야 한다.

제3조 참다운 나눔과 관용, 적당한 가난과 불편함, 그 속의 삶의 기쁨, 그것이 스페란차의 삶이다.

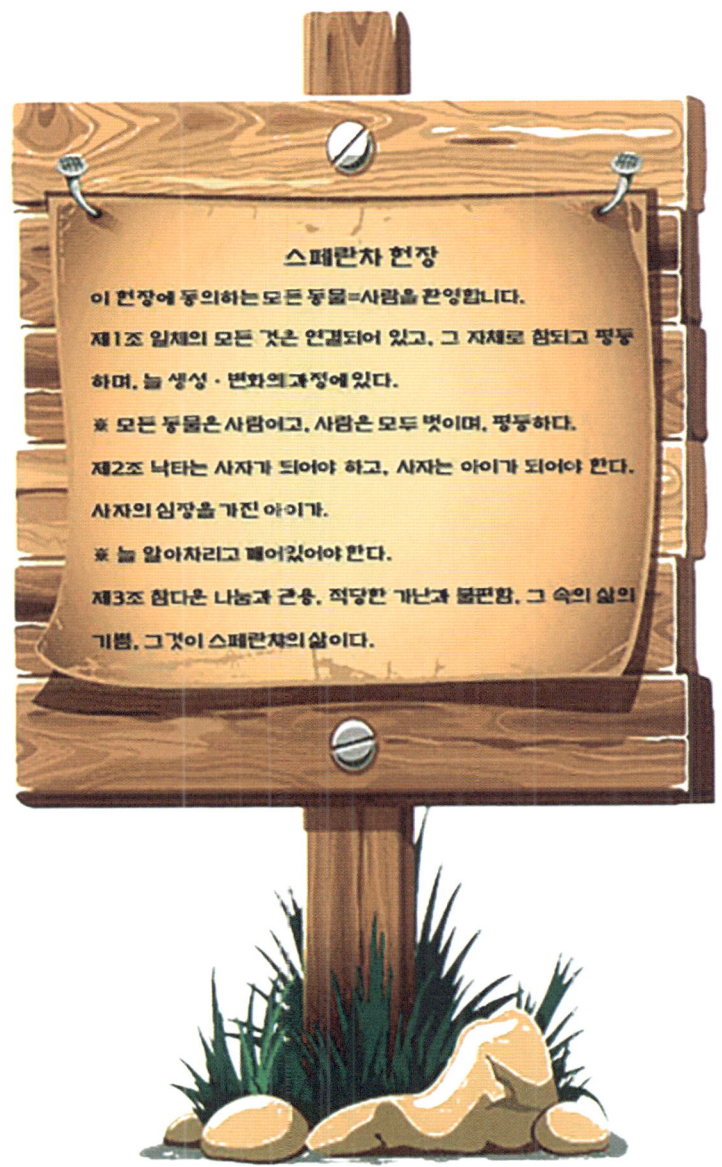

스페란차 헌장

이 헌장에 동의하는 모든 동물=사람을 환영합니다.

제1조 일체의 모든 것은 연결되어 있고, 그 자체로 참되고 평등하며, 늘 생성·변화의 과정에 있다.

※ 모든 동물은 사람이고, 사람은 모두 벗이며, 평등하다.

제2조 낙타는 사자가 되어야 하고, 사자는 아이가 되어야 한다. 사자의 심장을 가진 아이가.

※ 늘 알아차리고 깨어있어야 한다.

제3조 참다운 나눔과 관용, 적당한 가난과 불편함, 그 속의 삶의 기쁨, 그것이 스페란차의 삶이다.

제6장

깨어나는 새벽, 그리고 혁명의 문제

제1절 노마다리아트

크루소와 방드르디는 각자 도시로 나가 생존을 위해 필요한 만큼만 일을 했다. 그리고 던과 스노볼은 스페란차에서 작게 농사를 짓고 스페란차를 돌보았다. 방드르디는 도시에서 편의점이나 식당, 공사장, 택배 등의 일시적인 일들을 했다. 방드르디는 일하다가 거주가 불안정한 동료들을 만나면 스페란차로 데리고 오곤 했다. 그들은 대부분 거주 뿐 아니라 일자리도 불안정하여 가난에 시달렸다.

스노볼은 이들 거주와 일자리가 불안정한 노동자들을 '프레카리아트(precariat)'라고 부른다고 했다. 그것은 맑스 영감이 언제나 소중히 했던 무산 노동계급, 즉 '프롤레타리아트(Proletariat)'와 이탈리아어 '프레카리오(precario, 불안정한)'를 합성한 말이었다. 그들은 자신들이 두 발로 걷지 못하는 것과, 직업이 불안정하고 가난한 것을 부끄러워했다. 그들은 무엇보다도 모든 동물이 사람이며 평등하다는 스페란차 동료들의 생각에 너무나 놀라워했고, 기뻐했다.

도시를 떠돌던 많은 프레카리아트들이 소문을 듣고 스페란차에 와 정착을 했다. 그들은 스페란차의 '적당한 가난과 불편함'의 정신에 동의했고, 브레이킹 던이라는 이름을 가진 원효와 수운 큰선생님의 노래와 생각을 듣고 기뻐했다. 그들은 그것을 '기쁜 소식'이라고 불렀다.

그들은 스페란차 공동체에 더 많은 동료들이 함께 하기를 바랐고 그들의 임금을 모아 스페란차를 더 넓혔다. 스페란차의 대지에서 가장 중요한 것은 초원이었다. 스페란차가 있는 곳은 푸른 풀밭과 꽃과 나무가 함께 했다. 집과 건물과 도로는 사라졌다.

스페란차의 동료들은 필요할 때만 일했고, 더 이상 더 많은 옷도, 더 많은 탈 것도, 더 많은 먹을 것도, 더 좋은 집도 사지 않았다. 그들은 더 이상 자신을 노동력 상품으로 팔지 않았고 노동시장에서 거래되는 것을 거부했다. 그리고 상품시장에서 소비자였던 그들은 더 이상 소비자이기도 거부했다. 그들은 자본주의로부터 탈주한 자유로운 자들이었고, 더 이상 프레카리아트라고 불리지 않았다. 그들은 유목민과 같이 자유로운 영혼을 가진 무산자, 즉 노마다리아트[노마드Nomad(유목민)+프롤레타리아트Proletariat(무산자)]였다.

이처럼 항구도시의 많은 숫자를 차지하던 노마다리아트들이 노동시장에서 철수하고, 소비자가 되기를 거부하자 식당도 편의점도 각종 상점도 문을 닫기 시작했고, '프레카리아트'가 된 자영업자들은 스페란차의 동료가 되든지 도시를 떠나갔다. 그리고 폐허가 된 집터나 상점 터들은 초원으로 변했다.

드디어 도시의 가장 큰 소금공장 역시 문을 닫았다. 그 도시는 이제 전체가 스페란차가 되었다. 도시 전체가 푸른 초원과 나무와 꽃들로 가득 찬 곳으로 변했다.

제2절 음모

이매진 빌리지의 수도 서울의 '용의 산'에 있는 건물의 한 회의실.

그 자리에는 이매진 빌리지의 통령인 거대한 코뿔소 플라툰과 이매진 빌리지의 가장 큰 회사를 운영하는 여우 로직, 거대한 미디어 그룹의 운영자인

하이에나 하에크가 앉아 있었다.

플라툰이 말했다.
"모두 알다시피 우리 빌리지의 최남단에 있는 작은 항구도시인 미추홀에 아주 이상한 일이 생겼다오. 그 도시가 초원으로 변했지."

하에크가 말했다.
"거기에 거주하는 자들이 이상한 말들을 한다고 하죠. 그들은 네 발로 걷는 자들이나 발이 없는 자들이나 발이 많은 자들이나 상관없이 모두 서로를 사람이라고 부른다죠. 터무니없이. 그리고 사람은 모두 평등하다고 한답디다. 아니 각자의 자유로운 능력에 의해 취득한 두발로 걷기와 지식, 재산에 상관없이 모두가 사람이고 모두가 평등하다니!"

로직이 말했다.
"그 도시에 있던 우리 소금 공장도 문을 닫고, 그들은 그 자리를 초원으로 만들어버렸습니다. 그들은 모두 폭도예요. 절대로 그대로 두어선 안 됩니다."

하에크가 말했다.
"그들은 우리의 적인 유토피아 빌리지의 첩자들의 사주를 받는 공산주의자들임이 분명해요. 실제로 그들 우두머리 중의 한 사람인 스노볼은 유토피아 빌리지에서 망명한 자인데, 그가 바로 간첩들의 우두머리일 거예요. 그들을 그냥 두어서는 안 됩니다."

플라툰이 말했다.

"군대를 보내 그들을 처리하겠소."

그로부터 며칠 후 군대가 스페란차 주변을 둘러싸기 시작했다. 그리고 곧바로 도시로 진입해서 도시의 주민들을 체포하고 거부하는 사람들을 때리기 시작했다. 그리고 반항하는 사람들에게는 발포를 했다. 그리고 말했다. "너희는 반역죄로 모두 포위되었다. 반항을 포기하고 우두머리를 내놓아라."

던 아주머니가 동료들을 둘러보며 말했다.

"나와 크루소, 스노볼이 잡혀가겠습니다."

그러자 스피란차의 주민들이 말했다.

"우리는 스페란차의 주민입니다. 그리고 사자의 가슴을 가지고 있습니다. 이 땅은 정당하게 우리가 가꾼 우리의 초원이고 우리는 초원에서 자유롭고 평등한 사람으로 죽고 싶습니다."

크루소가 말했다.

"아직 젊은 벗들은 빠져나가게 합시다. 그들이

우리의 꿈을 이어갈 것입니다."

던 아주머니가 방드르디에게 말했다.

"아들아. 너의 이름은 이제 브레이킹 던이다. 너의 젊은 벗들과 여기를 빠져나가 높이 날고 멀리 뛰어라. 그리고 스페란차의 꿈을 이어가주렴."

스노볼이 말했다.

"벗이여. 나의 고향 그린 빌리지의 동포들에게도 꼭 스페란차의 꿈과 기쁜 소식을 전해주게."

그리고 남은 이들은 모두 사자처럼 싸우다 숨져갔고, 브레이킹 던은 눈물을 흘리며 동료들과 스페란차를 빠져나갔다.

제3절 깨어나는 새벽

브레이킹 던과 50여명의 동료들은 스페란차를 떠나 삼삼오오 흩어졌다. 브레이킹 던은 3명의 산양과 염소 동료들과 함께 산을 따라 움직였다.

그리고 한 산골마을에 머물면서 동료들과 던 아주머니가 불렀던 노래와 초대 브레이킹 던인 원효 큰선생님과 2대 브레이킹 던인 수운 큰선생님이 저술한 책을 고대어에서 현대어로 번역을 해서 펴냈다. 다행히 동료 중에 고대어에 능한 마라습이라는 염소가 있어 가능했다. 그 후 브레이킹 던은 한 곳에 석 달 이상을 머물지 않고 끊임없이 옮겨 다녔다.

그로부터 3년 정도 지날 무렵 이매진 빌리지에는 '브레이킹 던'이라는 젊은 산양에 대한 이야기가 퍼져나갔다. 그는 늘 고요한 기쁨과 활기에 가득 찬 모습으로 조용히 기쁜 소식을 전했다.

"모든 살아 있는 것들은 사람"이며 "모든 사람의 평등함", "삶의 기쁨", "삶과 사람의 분리되지 않음", "적당한 가난과 불편함", "자아와 소유라는 거짓된 관념의 용" "낙타에서 사자로, 사자에서 아이로의 변화"에 대한 소식이었다.

그러한 브레이킹 던과 함께 하고자 하는 사람들이 점점 늘어갔고, 그들이 모여 만드는 초원의 삶이 들불처럼 번져 갔다. 그들은 스스로를 "던의 벗들"이라고 불렀고, 고정된 지역을 가지고 있지 않았다. 그들은 상당수가 노마다리아트였고 적당한 가난을 받아들였기 때문에 한 곳에 머물거나 축적하지 않았고 필요에 따라 물 흐르듯이 움직였다.

그리고 그들이 머무는 곳에는 초원이 생겨났다. 땅 역시 그들을 환영하듯이 그들이 머무르는 곳은 즉시 활력을 되찾아 풀들이 무성해졌다. 그들이 머무르는 곳에는 엄청나게 큰 도시 한복판에조차 초

원이 생겨났으며, 그 안에서 거대한 생산과 소비는 멈춰 섰고 고요한 평화와 기쁨과 삶이 도래했다.

유토피아 빌리지에도 그 산양에 대한 소문이 조용히 퍼져나갔다. 브레이킹 던이라는 그 산양은 거대한 산맥의 흐름을 따라 움직였고 그 움직임에 따라 던의 벗들이 생겨났다. 던의 벗들에 으하면 브레이킹 던은 혁명가 스노볼의 벗이라고 했다. 나폴레옹과 그의 돼지 동료들의 거짓과 부패와 횡포에 신물이 나 있던 유토피아 빌리지의 동물들은 스노볼을 그리워하고 있었기 때문에 그의 벗인 브레이킹 던에 대해 친밀감을 느꼈다.

그들 사이에 스노볼의 꿈 얘기와 그의 유언이 퍼져 나갔다. "낙타에서 사자로, 사자에서 어린아이로" 변하는 꿈 얘기와 "사자의 심장을 가지라"는 말이었다. 유토피아 빌리지의 동물들은 술렁이기 시작했다. 브레이킹 던은 그들에게 어떤 경우에도 다시 낙타가 되어서는 안되며, 사자가 되어 용을 무찌르되 용을 무찌른 후에는 사자의 심장을 가진 어린아이가 되어야 한다고 했다. 그리고 수년 후 유토피아 빌리지에는 다시 거대한 혁명의 물결이 일어났고 나폴레옹과 그의 일당은 모두 죽거나 쫓겨났다. 유토피아 빌리지는 원래의 이름인 그린 빌리지라는 이름을 되찾고, 드넓고 푸르른 초원을 중심으로 한 나라가 되었다.

　그린 빌리지의 시민들은 브레이킹 던의 소망에 따라 그린 빌리지와 이매진 빌리지 국경에 있는 초원의 일부를 내어주고 스페란차라고 이름을 붙여주었다. 브레이킹 던은 그 곳에서 그린 빌리지와 이매진 빌리지, 그리고 여러 대륙의 다른 빌리지에서 온 동료들에게 던 아주머니의 노래를 가르치고, 초대와 2대 브레이킹 던의 책을 강의하고 같이 명상하며 10년을 살았다. 그리고 던이 말하는 기쁜 소식과 초원의 삶은 던의 벗들과 함께 모든 대륙으로 퍼져나갔다.

　그러던 어느 날 브레이킹 던은 스페란차에서 사라졌고, 그가 원래 왔던 그리고 모든 것이 시작된 그 섬으로 돌아갔다는 풍문만이 떠돌았다.

저자의 말

춤추는 별을 탄생시키기 위해서는
내부에 혼돈(Chaos)을 지니고 있어야 한다."
-니체, 짜라투스트라는 이렇게 말했다.-

첫 번째 장면
- 1986년 고3이던 어느 날, 학교 독서실

고등학교 시절, 수험생활의 고단함을 달래주던 책 속에서 원효와 관련된 다음의 설화를 보게 되었다.

『경주 만선북리에 한 과부가 살았다. 과부는 남편도 없이 아들을 낳았는데, 그는 열두 살이 되어도 말을 못하고 일어나지도 못하여 이름을 사동(蛇童, 뱀아이) 또는 사복(蛇卜)이라 하였다. 어느 날 어머니가 죽자 사복(蛇卜)은 고선사(高仙寺)로 원효(元曉)를 찾아가서 청하였다.

"그대와 내가 옛날 경(經)을 싣고 다녔던 암소가 지금 죽었으니 같이 가서 장사지내자."

이에 원효는 그렇게 하기로 하고 시신 앞에서 축원하기를 "나지를 말지니, 죽는 것이 괴롭다(募生兮基死也苦, 募死兮其生也苦)."라고 하였다.

사복이 그 말이 너무 길다고 하자 원효는 다시 "

죽고 나는 것이 괴롭구나(死生苦兮)."라고 하였다.
  두 사람이 상여를 메고 활리산(活里山) 기슭으로 가서 장사를 지냈다

  사복은 노래하기를 "옛날 석가모니 부처님께서는 사라수 사이에서 열반하셨네. 지금 또한 그와 같은 이가 있어 연화장계관(蓮花藏界寬)에 들어가려 한다(往昔釋迦牟尼佛, 娑羅樹間入涅槃, 于今亦有如彼者, 欲入蓮花藏界寬)."고 하면서 풀뿌리를 뽑으니 흙 구멍 밑으로 아주 아름다운 세상이 열려 있었다. 사복이 어머니 시신을 업고서 함께 그 속으로 들어가지 땅이 다시 합쳐졌다.』

  설화의 의미를 완전히 알 수는 없었지만 그 속에 담긴 삶과 죽음, 괴로움에 대한 통찰에 깊은 감명을 받았고, 원효가 내 마음에 자리를 잡았다.

두 번째 장면,
- 1987년 5월 어느 날, 종로

  1987년 민주화의 열기가 들끓던 시절, 대학에 들어가서 4월부터 선배들을 따라 교내 시위에 참여하게 되었다. 하지만 아직 나에겐 선배들이 말하는 독재와 민주, 그리고 민중 같은 말들은 너무 막연

깨어나는 새벽

하고 애매한 개념이었다. 그리고 여전히 모호한 상태에서 5월 어느날 선배와 동기들과 함께 거리 시위에 처음으로 참여하게 되었다. 그러다가 경찰(전경)에게 붙잡히게 되었고 소위 닭장차로 끌려가는 중이었다. 내가 하도 겁을 먹고 떠는 걸 불쌍하게 보았는지 주변에 계시던 아주머니 아저씨들(정말 평범하신!)이, 나를 잡아가던 전경들에게 저 학생이 무슨 잘못이냐며 놔주라면서 나를 잡아끌어 주었고 정말 얼떨결에 풀려나서 잡혀가지 않을 수 있었다. 이 장면은 나에게 너무나도 인상 깊고 강렬해 내 삶에서 가장 선명한 정경 중 하나로 남아 있다. 그 후 나는 스스로 움직여 모든 시위에 적극 참여했다. 그 해 12월, 새로 문을 연 서울구치소에 수감되어 있으면서 노태우 씨가 대통령이 되었다는 소식을 절망 속에서 들었다.

세 번째 장면,
-1989년 11월, 신병교육대

   1987년 민주화운동, 1988년 통일운동, 1989년 학내민주화운동…… 강의실에 있는 날보다 거리에 있는 날이 더 많았던 시절이었던 듯하다. 1989년 3학년 2학기를 휴학하고 군입대를 하게 되었고 11

월에 신병교육대에서 훈련을 받던 중, 베를린장벽이 무너졌다는 소식을 들었다. 그리고 동독이 무너졌고, 소련이 해체되었다. 현실 사회주의의 붕괴를 이해하는 것이 내 삶의 중요한 과제가 되었다.

**네 번째 장면,
 - 1995년 1월, 도올서원**

군 생활 동안 혼란과 허전함을 달래기 위해 동아시아 및 인도의 철학과 명상에 깊이 심취했다. 그 계기가 된 것은 도올 김용옥 선생님의 '동양학 어떻게 할 것인가'라는 책이었는데, 한문고전의 벽을 붕괴시키는 통쾌한 언어였다. 제대 후 복학하여 대학 졸업 무렵 5급 공무원시험(행정고시)에 합격 후 연수(중앙공무원교육원)를 받기 전의 기간인 1995년 1월, 도올서원 3림에 입학해서 도올 선생님으로부터 '중용(中庸)'을 배웠다. 한문고전을 처음으로 한 줄 한 줄 읽어나가고 철학으로 이해하는 너무나 소중하고 감동스러운 시간이었다.

다섯 번째 장면,
- 2016년 겨울, 그리고 2017년 봄, 광화문 광장

1987년 이후 30년 만에 시민들의 거대한 항쟁의 대열에 참여했다. 대학 재학 중이던 아들과, 친동생들, 절친한 고등학교 친구들, '시민교육과 사회정책을 위한 마중물'의 동료들, 그리고 마중물을 이끌고 있는 존경하고 사랑하는 벗인 유범상 교수와 함께였다. 나는 내가 겪은 삶의 경험들과 생각들을 비추어 볼 철학이 필요함을 느꼈고, 2017년 여름부터 원효의 '대승기신론 소 및 별기'를 한 줄 한 줄 번역하기 시작했다. 번역은 2019년 여름에 끝났다. 이것이 원효 3부작중 제3권 '우리는 모두 평등하다'가 되었다.

여섯 번째 장면,
-2020년, 코로나

2020년 비현실 같은 현실인 전염병이 전 세계에 창궐했다. 모든 것이 멈추었다. 나의 일상도 멈췄다. 그해 겨울부터 집안에 앉아 '대승기신론 소 및 별기'의 요약인 원효 3부작 중 제2권인 '존재의 노래'와, 제1권인 이 책 '깨어나는 새벽'의 원고를 완성했다.

2021년 봄. 마중물의 토론 벗들과 줌(ZOOM)으로 '원효스쿨'을 열어서 이 책의 원고를 기초로 강의와 토론을 했고, 강의가 끝난 후 '원형접'이라는 마중물 학습동아리를 만들었다. 원효와 최시형 큰 선생님의 철학에 기초하여 나와 나를 둘러싼 공동체에 대한 토론을 이어갔다. 이 책은 한연길 선생님을 비롯한 '원형접'의 토론하는 벗들에게 많은 빚을 지고 있다.

일곱 번째 장면,
-2022년 8월말 남해, 그리고 '남해산책'

2022년 여름휴가를 가지 못했던 나와 다내는 8월말 경에 광주지방법원에서 있던 재판을 마치면 남해안을 돌아 동해안으로 가는 일주일 정도의 여행 계획을 세웠다. 당시만 해도 '남해'가 남쪽에 있는 바다에 대한 보통명사라고만 생각했고 '남해군'이라는 섬이 있는 줄도 몰랐다. 재판을 마치고 몇 번 간 적이 있던 순천만을 들렀고, 남쪽 바다로 향했다. 그리고 남해대교를 건너 남해군에 들어섰다. 차창 밖으로는 가느다란 이슬비가 내리고 있었다. 아스라한 산들, 산들과 논들 사이에 자리잡은 나지

막한 집들, 구불구불한 산길들, 그리고 갑자기 나타나는 잔잔한 바다와 바다 위에 떠 있는 너무나 아름다운 섬들. 나와 아내는 말을 잃었다.

2023년 봄. 남해에서 우연히 '남해산책'이라는 책방에 들렀다. 김조숙 선생님과 문동원 선생님을 만났고, 그 예측할 수 없었던 놀라운 만남에서 이 책이 나왔다. 정성을 다해 원고를 읽고 연구하며 윤문과 편집을 해주신 김조숙 선생님과 책 표지를 포함한 디자인을 담당해주신 문동원 선생님께 진심으로 감사의 마음을 전하고 싶다.

몸이 아픈 와중에도 교정 중인 원고를 꼼꼼히 읽고 진지한 의견을 말해준 동생 학삼, 그리고 원효의 철학과 명상에 대해 어려운 얘기를 하고 귀찮게 해도 들어주고 이해하려고 노력하며 이 책이 나오기를 응원해 준 사랑하는 아내와 큰아들 현민, 작은아들 강민에게 감사한다.

2023년 11월 20일
김 학 성

남해산책 인문학선 1

깨어나는 새벽
원효의 대승철학 : 삶, 깨어남, 평등 1권
2023년 11월 23일 1판 1쇄
지은이 김학성

편집 문동원 · 김조숙 **디자인** 문동원

인쇄 ·제책 넥스트프린팅

펴낸이 김조숙 **펴낸곳** 남해산책출판사

등록 제543-2017-000004호

주소 (우)52446 경상남도 남해군 삼동면 동부대로 1375

전화 055-863-2297 **m** 010-5579-2297

전자우편 2002gl@naver.com

팩스 070-4758-9970

홈페이지 https://namhaesanchek.moodoo.at

ISBN 979-11-985278-0-6 (04150)
　　　　979-11-962159-9-6 (세트)

이 책은 저작권법에 따라 보호받는 저작물이므로
무단전재와 무단복제를 금합니다.
남해산책출판사는 독자 여러분의 의견에 늘 귀기울이고
있습니다.
'사람이 꿈꾸는 세상, 세상이 꿈꾸는 책. 남해산책'